LOCUS

LOCUS

LOCUS

LOCUS

mark

這個系列標記的是一些人、一些事件與活動。

穿越浮冰

中文版開始之前

一百年前的二十世紀之初，人類熱衷於征服極地。北極，南極。

繼1909年美國人裴瑞 (R. Peary) 首先踏上北極，1911年挪威人阿蒙森 (R. Amundsen) 首先踏上南極之後，征服極地的競賽，只剩下一個項目：橫越南極大陸。1914年，薛克頓 (Earnest H. Shackleton) 肩負起英國人參與極地競賽的最後項目的希望。他率領一艘叫作「堅忍號」的船、29名船員、69隻狗、1隻貓，開始了這次遠征。

「堅忍號」出師不利。1915年2月開始，船先是為浮冰所困，再遭鑿穿，然後全體隊員棄船受困於與世隔絕的南極。沒有人知道他們遇難，沒有任何救援可待。薛克頓的任務，不再是橫跨南極，而是帶他的隊員平安回家。

薛克頓畢竟沒能幫英國人扳回一城。然而，他的榮耀卻成就於挫敗之中。他不但引領他的隊員在艱險的南極渡過了長達700天的時光，最後更全體安然歸來。

薛克頓的故事，在西方家喻戶曉。因為其中敘述的不只是單純的探險與脫險，而是人類毅力、智慧與鎮定的結晶與濃縮。

敘述薛克頓和「堅忍號」故事的書籍，不知凡幾。《極地》這本書除了文字冷靜而忠實地重建現場之外，最特別之處，在於隨隊攝影師賀理 (Frank Hurley) 記錄這700天過程的照片第一次完整公佈。

這些照片，彌補了所有其他文字書籍的不足，不但重現了當時的情景，更具象地呈現了團隊合作的無形情懷：榮譽，專業，互助，信任。我們從攝影者自在的取景中，從被攝影者坦然的神態中，不能不震撼於這個團隊之所以能穿越這700天的沈著，以及這個團隊的領導者的魅力。

極　　地

THE ENDURANCE
SHACKLETON'S LEGENDARY
ANTARCTIC EXPEDITION

著　Caroline Alexander　　譯　游敏

「我們所有人都對薛克頓信心滿滿。我們知道，假如人世間有誰能夠帶領我們安全返家，那個人一定是薛克頓——不過這裡有個前提：置身這可怕的冰的世界裡，就算來了個超人都不見得能把我們救出去——這一點，我想，薛克頓也思考過。薛克頓在內心深處是極為謙卑的⋯⋯他從不認為自己是超人；他後來證明了自己是，但他事前並不知道。⋯⋯

說到薛克頓的領導能力，船上眾人絕不起疑，從無貳話。薛克頓具備一種罕有的能力：他可以看出隊上眾人相互之間如何看待，也能看見每個人對於這趟遠征所抱持的態度各是什麼。他深深明白，一個個體或一小群人的反應，可以對隊上其他多數人造成多麼大的心理影響。因此，他幾乎是用強硬的態度要求眾人保持開心，務必樂觀；知道嗎，他的態度其實可以這樣表達：『你最好他媽的給我保持樂觀』。

他對於人性的認識，以及他處理『人』的問題的能力，使得他成為一位優秀的領導者。」

(沃思禮，《堅忍號》船長)

厄尼斯特・薛克頓爵士

南美洲

南大西洋

福克蘭群島

合恩角　斯科細海

1916.5.20
到達史東尼斯灣的捕鯨站

1914.12.5
「堅忍號」
離開格特維克捕鯨站

南喬治亞島

南太平洋

1916.4.24-5.10
從象島划小船到南喬治亞島

象島　南奧克尼群島

「堅忍號」路線

「堅忍號」遇流冰群

1914.12.7

1916.4.9，三艘小船下水

保利特群島

南極半島

流冰群

南桑威奇群島

隨浮冰漂流

大量流冰群

南極圈

1915.11.21，「堅忍號」沈沒

1915.10.27
「堅忍號」斷裂，
薛克頓一行人棄船

大量流冰群

威德爾海

隆恩冰棚　法索灣

1915.1.18
「堅忍號」被困

南　極　洲

0 MI　　　　500
0 KM　　　　500

地圖／美國國家地理（National Geographic）

ART BY LASZLO

「堅忍號」全隊合影

由前面往後數，第一排由左至右：柯拉克、沃迪、麥克林、馬思頓、麥凱洛伊。

第二排由左至右：齊漢、科林、赫胥、葛士奇、薛克頓、古區爵士 (Sir Daniel Gooch，他是照顧狗的人，只隨行到南喬治島)、李金森、賀理。

第三排由左至右：麥尼旭、詹姆士、懷爾德、沃思禮、史帝芬生 (在沃思禮後面)、哈德森、郝華特、葛霖。

最後一排：賀尼士、貝克爾。

救　援

「對於我來說，旗幟永遠不能降下，
努力也永遠沒有盡期。」(薛克頓)

目　錄

有關本書的攝影

在南極攝影，本身也是個堅忍的故事。尤其在八十五年前。

寒冷的低溫使得攝影器材與底片變得異常脆弱，必須費心照顧。沖洗的工作也得在非常麻煩的情況下進行。當然，艱險、濕滑、寒冷的環境，使攝影工作本身倍加困難。但澳洲籍的攝影師賀理終於為他們不可能的任務留下了彌足珍貴的記錄。

賀理原先拍攝了五百多張底片，後來和薛克頓一起從中挑選最好的一百二十張，包括二十張Paget彩色照片和一百張全玻璃和半玻璃感光版，焊封在錫罐中保存。其餘的四百來張底片，則連同專業的攝影配備，在跋涉與求生的過程中忍痛丟棄，但賀理留著一部小小的口袋型相機在身上，後來又拍攝了幾張精彩的照片。

《極地》，是第一次將賀理這一批照片整理成書。

第16頁，就是賀理的肖像。

獻給「師娘」

她是開路的人

貓咪「師娘」與白博洛合影

英勇年代

賀理
隨隊攝影師,
才華洋溢,任勞任怨。
頭戴名牌
「伯貝利牌」的頭罩,
身穿緊身上衣,
在攝影棚內拍下這幀照片。

多少年過去,那天的影像依然鮮明烙印在沃思禮船長 (Frank Worsley) 腦海中。

那是個七月天,時值南極的隆冬,伴隨著極地長夜而來的黑暗,已盤桓了好幾個星期。氣溫是華氏零下30度 (約攝氏零下24度)。放眼望去,船身四周的冰海一望無際,在明亮清澈的星空下顯得潔白而神祕。呼嘯的風聲,不時打斷艙內的交談聲。堅實的厚冰在遠方呻吟,那不祥的聲音透過大片冰層傳來,傳到沃思禮船長和身旁兩個同伴耳中。也有些時候,幾里外的小小騷動就引得他們的船陣陣顫抖與呻吟;千百萬噸重的厚冰因移動所造成的壓力,由遠而近,推壓到船的四周,揉擠那有彈性的船身,使得木製的船壁繃得緊緊的。

這時候,三人當中有人開口了:

「它快不行了……船長,這樣下去不是辦法。你要趕快做決定。這艘船也許還可以撐幾個月,也可能只有幾星期,甚至幾天,只是時間早晚的問題罷了。……凡是被寒冰奪走的,就再也要不回來。」

時為1915年,說話的人,是鼎鼎大名的英國籍極地探險家,薛克頓爵士 (Sir Ernest Shackleton),他的副手懷爾德就站在一旁。他們所搭乘的船「堅忍號」,在南緯74度附近因海面結冰而被困在南極的威德爾海 (Weddell Sea)海域。此前,往南極探險的成果業已十分輝煌;薛克頓一行人千里迢迢南來,志在成為首支徒步橫越南極大陸的隊伍,企圖從所剩不多的「第一」中再創新紀錄。

1914年12月,「堅忍號」離開了南喬治亞島 (South Georgia) 的捕鯨站,就此進入南極圈,向南行駛了一千多哩,距離預定停靠的南極大陸港口只剩100哩 (約160公里) 左右的航程。沒想到,海面上浮冰集結,「堅忍號」只好暫停行進。強勁的東北風時起時停,連吹了六天,把大塊浮冰

全吹向南極大陸的冰棚，行進在浮冰群中的「堅忍號」也因此受困於其中。又過了幾天，氣溫驟降到華氏9度（約攝氏零下13度）；寒冷的天氣凍硬了原先鬆軟的浮冰，要到來年春天才有融化的希望。在此同時，威德爾海中的流冰未曾停歇，帶著困在冰裡的「堅忍號」緩緩向北流去；原先即將駛達的目的地，眼看著愈來愈遠。

薛克頓在著手籌備這趟「帝國橫越南極洲遠征」（Imperial Trans-Antarctic Expedition）時，已因前兩次極地探險而成為英國家喻戶曉的英雄；他在其中一次遠征中，推進到距南極點只有100哩（約160公里）的地方，創下當時人類最接近南極的紀錄。這兩次的遠征雖然留下了許多值得後世留念的英勇事蹟，可惜都不曾達成最終目的：成為首支踏上南極點的隊伍。

1914年，薛克頓的遠征隊得以成行，但此時早有其他隊伍捷足先登，完成抵達南極點的壯舉。薛克頓在途中大膽更改目標，計畫由威德爾海海岸出發，徒步跨越南極大陸，抵達羅斯海（Ross Sea）海岸，寫下南極探險中唯一尚未完成的紀錄。「堅忍號」遠征的籌備工作煞費心力；其中最令薛克頓傷神的還是經費問題。當時薛克頓四十歲，以他全副的經驗與聲望在籌劃這次行動；那時的他當然還不知道，即將進行的跨越南極大陸會是另一次的失敗。然而，後人對於薛克頓的最深記憶，就來自這次未竟全功的「堅忍號」遠征。

二十世紀初期的南極探險，大不同於其他地區的探險活動。南極既沒有兇猛的野獸，也沒有野蠻的原住民阻擋探險家的腳步。在南極，探險家面對的只是時速高達200哩（約320公里）的強風和華氏零下100度（約攝氏零下73度）的酷寒。南極探險其實是人與大自然原始力量的競爭，是人與自我耐力極限的競爭；這競爭如此單純，一點也不難理解。南極的特別之處，還在於這是一片純然由探險者發現的所在。在此之前，南極從沒有任何原住民；所以，在這段時期前進南極的探險家真可以大聲說，他們踏上了一塊從來不曾有人跡的土地。

1914年，「堅忍號」啟程南行，這年裡，第一次世界大戰爆發；當遠征隊1917年返抵英國，大戰已接近尾聲。後人常視「堅忍號」遠征為極地探險之「英勇年代」（Heroic Age）的最後一次壯舉。若想理解這次企圖跨越南極之舉所含的意義與野心，應該要先知道歷來的南極探險者在英雄主義——與自我主義——的驅使下，承受了什麼樣的磨難。事實上，薛克頓得以在「堅忍號」事件中展現偉大的領導特質，要歸功於他昔日所經歷的瘋狂歷鍊。

極地探險的「英勇年代」，要從1901年8月算起，彼時英國海軍的史考特上校（Robert Falcon Scott）率領「發現號」（Discovery）向南極的麥克莫多峽灣（McMurdo Sound）出發。這支隊伍宣稱，此行是為追求科學進

展，但其實這支首開南極探險之先河的遠征隊，所抱持的目標與往後幾支隊伍都一樣：矢志成為世上第一支踏上南極點的隊伍，為英國增光。史考特找了兩人同行：他的好友，動物學家威爾遜醫生 (Dr. Edward Wilson)，以及二十八歲的薛克頓，一位商船上尉，曾隨船造訪非洲與遠東地區。1902年11月2日，史考特一行三人，帶著十九隻雪橇犬與五架載滿糧食與補給品的雪橇，從駐紮地向南極點出發。這趟歷程的挑戰之艱苦難以用筆墨形容，來回行程總共1600英哩 (約2560公里)，要穿越一大片不曾為人知也從無地圖標示的區域，隊員絲毫不得半刻的輕鬆。

三人在日間來回接力搬運器材與補給品，有時借助雪橇犬，或者全憑人力拖拉。到了晚上，他們小心翼翼把數量稀少的食物均分成三份，並在鑽進各人冷冰冰的睡袋躺下之前，輪流誦讀達爾文的著作，結束一天活動。三人挨餓受凍，飽受壞血症之苦。雪橇犬接二連三病倒，最後只好宰殺病犬，把肉分給其他橇犬做食物。史考特領著隊，一路推進到南緯82度17分，離南極還有745哩 (約1200公里)，終於不得不承認情況危急，勉強下令折返。此時的薛克頓因壞血症之故而吐血，有時病情嚴重到必須躺在雪橇上，由同伴拖著走。1903年2月3日，出發之後三個月，他們終於回到船上。回船之前的最後一段路程份外艱辛，因為那已是為了要保住性命的掙扎。

首次的南極徒步探險，似乎為往後的遠征建立起一套模式，探險家嚐盡百般苦頭的遭遇後來屢次重演，刻苦受難的英勇作為成了英國遠征隊的特色。然而，只要細讀這幾位探險家的日記便可以發現，這些磨難其實並非必要。威爾遜醫生在他們出發不到三週的某天，在日記裡寫道：「雪橇犬非常疲倦，前進得非常緩慢 (11月19日)……今天的惡劣天氣使得狗兒難以招架，駕馭雪橇犬是最惱人的工作 (11月21日)……雪橇犬非常疲倦且呆滯。驅使犬隻前進，變成糟糕透頂的差事 (11月24日)。」可憐的雪橇犬又累又倦，情況一天比一天差。威爾遜的日記忠實記載狗兒的狀況，令人不忍卒讀。

而史考特的日記讀來更令人驚心：「整體來說，目前我們的滑雪用具並沒有派上多大用場……現在雪橇犬反而妨礙了行進，只能綁在雪橇上，讓牠們跟在後頭走。」他在1903年1月6日這麼寫著。隔天的日記裡他說：「隊員把所有的狗都放開來，三個人穩穩拖著雪橇走了七個小時，10哩 (約16公里) 的路程……犬隻在雪橇邊走得相當穩健。」這是多麼驚人又難以想像的畫面：三個人把滑雪用具牢牢綑紮在雪橇上，旁邊伴著一群雪橇犬，辛辛苦苦以平均每小時1英哩 (約1.6公里) 的速度拖著雪橇在南極大陸上行進。在遠征隊出發前，史考特和兩名隊友都不曾花時間加強滑雪技巧，對於駕馭雪橇犬也是一竅不通。由此看來，他們遭遇的苦難並非

必然，還不如說是由於想都想不到的無能所造成的。這些極地探險家之所以挨餓，不是因為碰上天災而喪失補給，而是因為當初根本沒有準備充份。三人之中，薛克頓挨餓得最嚴重，因為他的體格最魁梧，所需要的能量也最多。

除了這些準備上的不足，隊員三人之間的相處也不甚融洽。史考特與薛克頓的性格有著天壤之別，相處起來水火不容。史考特恪遵英國皇家海軍素來嚴格要求階級與規章的傳統，規定船上遵照僵硬的制度行事；甚至在「發現號」抵達南極海域後，還硬把船上一名不遵命令的船員扣上鐐銬，以示懲戒。反觀身上流著愛爾蘭血統的薛克頓，來自英國海軍商船隊，風度翩翩，輕輕鬆鬆就和船上的水手與軍官打成一片。薛克頓得以雀屏中選，純粹是因為史考特看中他的體格強健。長期置身於與塵囂隔絕的白色世界，每天重複著單調又艱苦的工作，日夜共處毫無個人隱私，三人必定在精神上承受了相當大的折磨。在這個組合中，威爾遜醫師顯然時常扮演和事佬的角色，化解薛史兩人的衝突。多年後，威爾遜醫生才透露，有天大家用完早餐後，史考特沒名沒姓在喊：「死笨蛋，給我過來！」當時擔任史考特副手的威爾遜問史考特是不是在叫他，史考特回說不是。薛克頓便在一旁應道：「那你想必是叫我。」史考特說：「沒錯，你就是該死的笨蛋中的笨蛋。你要是膽敢再這樣跟我回話，我就給你好看。」三個

成年人，孤軍置身於白茫茫的天涯海腳，怒目相視，惡言相向——當真有如一齣超現實的荒謬劇。

史考特一行三人回到「發現號」後，史考特以薛克頓病重為由，把他遣返英國。因無法完成全程而必須提早回國的薛克頓心感屈辱，但當他返抵國門，仍被舉國上下視為極地探險紀錄中南征最遠的英雄人物。倘若薛克頓與遠征隊同時返國，全國關切的焦點想當然爾不會落在他的身上；但如今只有他一個人先行返國，也就順理成章為遠征隊發言，集各方關注於一身。薛克頓心知肚明，有朝一日如果他打算自組遠征隊，那麼大眾對他的認可會有莫大助益。不論未來的情況如何演變，他決不再屈居人下，任人擺佈。

薛克頓出生於愛爾蘭的基爾德郡（Kildare），父親是執業醫師，中產階級的家境不錯，童年時曾隨家人在都柏林住過一段短時間，最後全家搬到倫敦定居。薛克頓有八個姊妹一個弟弟，手足間親密融洽。薛克頓讀的是著名的達威契學院（Dulwich College），十六歲時加入英國海軍商船隊。薛克頓在加入史考特的「英國國家南極遠征隊」之前，曾在頗具盛名的商船上擔任三副。年輕的薛克頓英俊迷人，儘管臉上表情深沈，但滿心憧憬著傳奇歷險，一生中幾度因此而落入探險尋寶的發財夢圈套裡。極地探險不僅符合薛克頓浪漫的性格，就現實層面而言，更能幫助他在階級

至上的英國社會裡獲得立足之地。「發現號」之旅是他脫離中產階級身份進而躋身上流社會的跳板，也為他帶來更符合他個性的繽紛生活。

1904年，薛克頓終於和交往多時的心上人多曼小姐 (Emily Dorman)成婚。多曼小姐的父親是執業律師，家境富裕，擁有一份專屬於她的財產。這麼一來，薛克頓益發感到闖出自己名號的必要。薛克頓先後進入新聞界、商業界與政治圈，卻都不得意，後來還是把全副注意力放在最終目標上。1907年初，薛克頓獲得外來的金援，使他可以開始計畫新的遠征南極之旅。積極籌備了六個多月，薛克頓終於在同年8月順利率領「寧錄號」(Nimrod) 向南極出發。

薛克頓從「發現號」遠征中獲得許多寶貴經驗，但他沒有把在極地探險所該具備的全部知識與技巧都學會。先「寧錄號」而去的多支遠征隊伍已經證明，唯有用雪橇犬拖拉雪橇才是可行的極地運輸方式，但「寧錄號」只帶了九隻雪橇犬，卻載運了十匹西伯利亞馬。此外，薛克頓本身的滑雪技巧也沒有多少長進；後來結果還證明，他在登山裝備方面的準備不夠。

縱使準備不足，1908年10月29日，薛克頓仍然在三個隊友與四匹西伯利亞馬的陪伴下，從駐紮的羅伊茲角 (Cape Royds)出發，越過南極大冰障 (Great Ice Barrier)，二度向南極點前進。以人力拖拉雪橇與挨餓受凍的艱苦歷程重演。在雪地上，西伯利亞馬滑倒又掙扎爬起的情境不斷出現；有時馬匹一不小心陷落鬆軟的雪堆，馬腹以下全受困於積雪中，又是另一番艱苦的掙扎。到最後，這幾匹完全派不上用場的西伯利亞馬，難逃被射殺當作食物的下場。1908年12月初，薛克頓和懷爾德、馬歇爾醫師 (Dr. Eric Marshall) 與亞當斯上尉 (Jameson Adams)四人，抵達無名大冰河的冰舌 (ice tongue) 地區。這條大冰河自緊鄰南極大冰障的連綿山峰流下，薛克頓把它命名為「畢爾德摩冰河」(Beardmore Glacier)，以紀念此次遠征的主要贊助人之一。

這畢爾德摩冰河是遠征隊離開了一路而來的冰棚轉進山後南極高原的門戶。薛克頓眼前出現了一條令人走得膽戰心驚的通路。遠征隊員所穿的鞋沒有加裝防滑的冰爪，帶著沒有加上蹄鐵的僅存的馬「襪子」，艱苦爬上驚險萬分的冰舌。第三天，「襪子」跌入冰河裂縫中摔死。眾人飽受雪盲症、飢餓與凍瘡之苦，終於越過了畢爾德摩冰河，抵達南緯88度23分。此時他們距南極點大約只有100哩 (約160公里)。薛克頓檢視了遠征隊少得可憐的糧食，再看到眾人的體力每下愈況，忍痛決定放棄，趁還有一絲活命希望的當頭快快折回。

就在他們快要回到駐紮地時，亞當斯上尉病危。為了使隊友盡快就醫，薛克頓和懷爾德只好沿途拋棄不必要的裝備，以加快腳步趕回駐紮地。他們不眠不休趕了三十六小時的路，好不容易回到了駐紮地，卻發現

留守人員已經全部撤離。所幸不久後，「寧錄號」載著搜救人員回到營地，打算在此過冬，等翌年春天再搜索遠征隊員的屍體，這才使得四人及時脫險。

「寧錄號」遠征的成果，比史考特的紀錄又向南推進了360哩 (約576公里)。薛克頓等人儘管在此行中吃了不少苦頭，但幸好全員獲救；更因為有新鮮馬肉補充營養，四人都因而沒有染患壞血症。遠征隊返抵英國，薛克頓再度成為英雄，並獲皇室授與爵位。薛克頓曾在不同的場合公開表示，他仍打算再籌組遠征隊，想要探勘濱臨羅斯海的阿德爾角 (Cape Adare) 以西地區；但他回國後的大部分時間都在想辦法賺錢，好償還「寧錄號」的債務。他在回國後的兩年裡巡迴演講，以口述方式把遠征過程集結成《南極之心》(The Heart of the Antarctic) 一書，書出版後旋即成為熱門暢銷書。他又把「寧錄號」改裝為博物館，民眾必須買門票才能入內參觀。這時，史考特帶著英國人民的祈禱與祝福，再次踏上南極遠征的路途。債臺高築的薛克頓只能留在英國，從報紙的頭條獲知史考特的遠征進展。

史考特這最後一次的遠征，像一篇偉大的史詩。1910年10月，挪威探險家阿蒙森 (Ronald Amundsen) 完成了預定的北極探險後，悄悄轉向南半球，打算先英國探險隊一步，成為世上首支到達南極點的隊伍。消息傳出，南極點之爭就此開始。史考特率

領的英國遠征隊把基地營設在愛文思角 (Cape Evans)，離前次駐紮的地點不遠，而阿蒙森的挪威遠征隊則駐紮在稍微東邊的鯨魚灣 (Bay of Whales)，兩隊不約而同選在1911年10月出發。英國遠征隊準備了各種運輸工具，令人眼花撩亂，包括了薛克頓以親身慘痛經驗證明了在極地派不上用場的西伯利亞馬、無法運作的機動雪橇，還有一群無人懂得如何駕馭的雪橇犬。受到如此隊伍的拖累，史考特一行人向南推進的速度緩慢，進展有限。史考特所籌劃的路線與薛克頓的路線相當接近，苦難與饑寒交迫的景況成為英國極地探險的傳統經歷，每天辛苦跋涉，卻只能向前推進10到13哩 (約16到21公里)。相較之下，挪威的阿蒙森帶著四名隊友，以滑雪代步，又有五十二隻受過良好訓練而且狀況絕佳的雪橇犬幫忙運輸器材與補給品，每天以平均15至20哩 (約24到32公里) 的路程輕鬆向南極前進。到了回程，運作熟練的挪威隊甚至有過一天前進30哩 (約48公里) 的紀錄。

阿蒙森在日記裡表示不解：「我不懂，英國人為什麼說雪橇犬沒用。」1912年1月16日，史考特的遠征隊拖著蹣跚的腳步，終於來到南緯89度，卻發現雪地上佈滿阿蒙森等人留下的交錯足跡。

史考特在日記裡承認：「最糟糕的情況已經發生了，不應再抱持任何夢想。」意志消沈的史考特與隊友仍於翌日繼續前進，在南極插上英國國

旗，記下時間等細節，拍過照後，準備啟程返回營地。

史考特寫道：「我的天哪！這真是個可怕的地方。就算現在要打道回府，也還得經過另一番痛苦掙扎。真懷疑我們能不能走完回程。」

他們沒有走完。連同史考特在內的五名英國隊隊員全都喪命冰雪中。英國隊先是失去了兩名隊友，然後在補給儲備站以南11哩（約17.6公里）的地方受困於暴風雪中，倖存的三人躲在一頂帳篷內等待死亡。在垂死掙扎的時日裡，史考特終於向世人顯現，其實他並不以領導才能見長，他真正厲害的是運用語言文字的功力。

他寫信給遠在英國的財務經理人：「死也要死得有尊嚴。我想這足以證明，英國人勇於刻苦患難的精神並未消逝。」他在「給英國人民的公開信」裡洋洋灑灑，用動人的文筆把失敗歸咎於利用西伯利亞馬載運裝備，歸咎於天氣和大雪，說「堅冰表面的崎嶇難行」、「許多次補給站燃料儲存不足」，歸咎於其實表現非常英勇的隊友歐茲 (Titus Oates) 重病。

儘管史考特為自己的失敗找了這麼多藉口，但除非是鐵石心腸，否則任誰看到了他困於小小營帳中，對著天寒地凍的極地永晝所寫的臨死告白，必會為之一慟：「如果能夠生還，我就能把隊友的強悍、堅毅與英勇娓娓道來，相信每一個英國人聽了都會由衷感動。如今，且讓這草草記下的文字與我們冰冷僵硬的身軀來訴說這則故事吧。」

1912年3月29日，史考特在日記裡寫下他最後的心境：「說來無奈，但我實在寫不下去了。」

在這日期之後將近一年，史考特的日記才得見天日。1913年2月，史考特的日記內容公諸於世，英國頓時陷入沈重的傷悼氣氛中。一名記者寫道：「除了悼念納爾遜將軍 (Horatio Nelson，死於特拉法加戰役大勝法軍之際) 之外，英國從未出現如此悲戚的場面。」報端文章與教會講道都哀悼史考特之喪，而史考特遠征所犯的種種致命性錯誤不但被遺忘，甚至全然消失無蹤。於是乎，犯下致命錯誤的遠征演變為一則神話。在擅長抒情文的《小飛俠》(Peter Pan) 一書作者拜瑞 (Sir James Barrie) 巧筆編輯後，史考特的日記付梓，更為這個新生的神話平添幾分渲染的效果。

這樣的社會氣氛，正是薛克頓籌組「帝國橫越南極洲遠征隊」時所要面對的環境。英國大眾看待「堅忍號」遠征隊的情緒十分複雜，態度也相當矛盾。民眾一方面把這次遠征視為萬分重要的國家大事，另一方面卻又認為，舉國悲傷情緒正到最高點，遠征隊卻選在此時成行，實在大煞風景。在大眾的心目中，南極是最能貫徹英勇冒險精神的所在；但英國人民也難以想像，未來還能有什麼成就足以超越史考特雖敗猶榮的偉大事蹟。

薛克頓在遠征計劃書裡提出了說服力十足的目標：

「從感性的角度而言，此行是極

地探險中最後一趟值得一試的旅程；它會比徒步抵達南極點再折返還要偉大。我認為，英國既在征服北極的競爭中落敗，又在征服南極的競賽中失守，此時正是奪下光榮的時機。現在，只剩最艱難也最浩大的橫越南極洲的挑戰尚未克服。」

好不容易，薛克頓終於籌措到足夠的資金，得以順利成行。贊助他的人主要是英國政府與凱爾德爵士 (Sir James Key Caird)。慷慨而富有的凱爾德爵士是蘇格蘭人，以生產黃麻為業，捐了兩萬四千英鎊給薛克頓。其他的贊助人包括：菸草大亨的女兒史丹康威爾斯 (Janet Stancomb-Wills)，以及伯明罕小型武器製造公司 (Birmingham Small Arms Company) 的達克 (Dudley Docker) 等人。其他較小額捐款的贊助人，則包括了英國皇家地理學會 (Royal Geographical Society) 和其他以個人名義捐款的人士。此外，英國各地私立中小學共同負擔了雪橇犬隊的費用。

除了依賴贊助人支助外，遠征隊的另一個經費來源是預售所有「新聞與影像報導及刊登權」。南極洲將是第一個能讓人類透過攝影機鏡頭來認識的陸塊。1902年史考特的首次遠征之行是南極探險攝影的濫觴。從第一支探險隊踏上南極大陸以來，攝影機一直扮演記錄者的角色，忠實捕捉了探險家在南極大陸緩緩前進的努力，也記錄了他們在廣漠的雪鄉所留下的足跡。這些攝影紀錄富含歷史意義，不僅被地理學家拿來研究，也深受大眾喜愛。到薛克頓的遠征隊出發前，龐亭 (Herbert Ponting) 為紀念史考特最後一次遠征而拍攝的「南緯九十度」(90o South) 仍是英國的熱門影片。薛克頓考慮到這個賣點是如此重要，特別成立了「帝國橫越南極洲影片聯合組織」(Imperial Trans Antarctic Film Syndicate)，負責遠征隊所拍攝的相片與影片的一切版權事宜。至於獨家報導權則預售給英國《每日紀事報》(Daily Chronicle)。

薛克頓向一家專造適合極區使用之船隻的挪威造船廠法姆尼斯 (Framnaes) 訂購了一艘新船「北極星號」(Polaris)，排水量三百噸，從未下過水。「北極星號」是艘配有蒸汽動力的木製三桅帆船，全長144英呎 (約43公尺)，船身全由厚達兩呎半 (約75公分) 的結實橡木與挪威樅木板建成，又採用材質堅硬無比，無法用傳統木工工具切割的綠心奧寇梯木包覆。這艘新船的作工精細，船身四處可見匠心獨運的表現，而整艘船的建造都經過老到的造船師父精心設計，為求能讓「北極星號」在海上把力量發揮至極限。看來，「北極星號」足堪承受堅冰嚴寒的考驗。薛克頓依據家訓「當堅忍以求勝」(Fortitudine Vincimus)，把「北極星號」重新命名為「堅忍號」。

整個遠征計畫其實需要兩艘船。根據薛克頓的規劃，當隊員從威德爾海海岸出發，開始徒步跨越南極大陸的挑戰時，另一艘載滿補給品的船隻要在此時先航向位於羅斯海的老營地

羅伊茲角。一支由六人組成的裝備補給小組，則先由另一端的羅伊茲角朝南極大陸內地出發，沿途設立補給站，存放必要的糧食及裝備，以便薛克頓所帶領的「登陸小隊」從南極大陸彼端一路艱苦行來時，能夠獲得補給。為此，薛克頓買下了製於1876年，曾被澳洲探險家莫森 (Douglas Mawson) 用過的捕海豹船「曙光號」(Aurora)，當作運載補給品之用。

　　1914年8月，遠征隊大致已準備就緒。英國媒體對此次極地之行大表興趣，然而1914年8月1日「堅忍號」自倫敦港口出發時，戰況報導卻硬生生奪走了遠征隊應有的鋒頭：眼看德國對俄國宣戰，一場歐洲大戰勢所難免。8月4日，英國下令全國總動員。此時「堅忍號」已由倫敦駛至普利茅斯，仍在英國海域內。經過與船上眾人的討論後，薛克頓向英國政府報告，「堅忍號」的人員「訓練充份，經驗具足，可以執行驅逐艦的任務」，就地待命供英國政府調度。此時的薛克頓心中想必忐忑不安，屏息等待政府的回應：畢竟，精心策劃的遠征好不容易成行，才要出發卻碰上如此波折！還好，英國海軍部的覆電簡單扼要，只有一句話：「繼續前進」，化去了薛克頓滿心的焦慮。隨後，英國海軍大臣邱吉爾捎來一封較長的電報，表示政府希望遠征按計畫進行。

　　8月8日，「堅忍號」由普利茅斯港揚帆南行。

　　見到挪威的阿蒙森因充份準備及

在極區行動大有效率而成功，薛克頓在籌備過程中，著實費心琢磨著該如何遴選隊員與器材設備等細節。以歷來英國探險活動的準備標準來說，真可謂煞費苦心。薛克頓向皇家海軍陸戰隊借調了一名年輕軍官。名義上來說，這位軍官在遠征隊裡負責的是機動雪橇，但他也是滑雪好手，足以充當其他隊友的滑雪教練。

　　薛克頓前往挪威驗收新訂購的圓頂帳篷時，還被人拍了照片，登上了《倫敦新聞畫刊》(Illustrated London News)。為了準備遠征隊的口糧，薛克頓並特地徵詢營養專家的意見。

　　此外，薛克頓聽從挪威探險家的殷殷忠告，先把六十九隻加拿大雪橇犬直接運到阿根廷的布宜諾斯艾利斯，等「堅忍號」南行到布宜諾斯艾利斯時，再把這批橇犬裝載上船。根據薛克頓遠征隊副指揮的描述，這批雪橇犬都是半狼半犬的混血種，包括蘇格蘭長毛牧羊犬、馬士提夫獒犬、

麥克林醫師
梳理「閒盪」與「裂唇」
「堅忍號」在布宜諾斯艾利斯所接上船的六十九隻雪橇犬，時時需要打理與照顧。
這些狗在上船前已在英國哈克橋（Hackbridge）的「流浪狗之家」接受檢疫。

老 包 (左)
遠征隊的雪橇犬
並非愛斯基摩犬，
而是來自加拿大，能適應
寒冷氣候的各種大型犬。
「事實上我們所有的雪橇犬
都是混種狗。」
(李思，日記)

大 兵 (右)
懷爾德小隊的領隊犬

大丹犬、大警犬、紐芬蘭犬、獢獵犬、犬更犬、野豬獵犬等大型犬種。

薛克頓著實花了心思，然而，整體的準備仍然不如預期的完備。雖然帶了雪橇犬，可是隊中唯一經驗豐富的加拿大犬隻訓練師兼雪橇駕駛人，卻因薛克頓不願意預付數目龐大的保險押金，而在出發前臨時決定退出；遠征隊出發時，因某些理由而省略了犬隻的除寄生蟲藥丸，而往後的演變證明這些藥丸是必備品。根據薛克頓的規劃，登陸小隊在橫越南極洲時，平均每天必須前進15英哩（約24公里），這個速度與阿蒙森回程的每日平均速度非常接近。但是，遠征隊自英國開拔時，全隊只有一個人會滑雪，想做到每天15英哩，談何容易。

然而從另一方面來看，薛克頓先前的極地探險經驗卻也是全隊的無形寶貴資產。在1909年的「寧錄號」遠征中，薛克頓和同伴一路跋涉到了南緯88度，眼見離南極點只有百哩之遙（約160公里），他卻能毅然決然捨去唾手可得的榮耀，領著遠征隊員踏上漫長的歸鄉路。對薛克頓來說，經過如此長久的奮鬥，卻必須把即將到手的光榮拱手讓人，更何況是讓給自己的宿敵，定是心痛萬分。但是務實的薛克頓明白，自己和隊友無法向前推進到南極點後再安然折返，也深知性命比光榮更寶貴。

要不是薛克頓如此沈著冷靜，若是他更汲汲於名利，那麼薛克頓絕對能夠在1909年就達成目的，成為第一個踏上南極點的人；但若果真如此，薛克頓與信任他的同伴免不了就要在回程途中，在史考特遠征隊遇難的地點附近喪命。薛克頓下令中途折返，這個決定不僅是勇氣之舉，更突顯了他性格中的樂觀：留得青山在，不怕沒柴燒。有位專研極地探險史的知名歷史學家曾對我說：「照薛克頓的個

性看來，倘若當年換作是他敗在阿蒙森的手下，他定會在回程趕上挪威隊，大夥兒一起盛大慶祝。」

史考特獲知阿蒙森捷足先登的消息後萬分沮喪，滿腔鬥志自然因此嚴重受創；但是對薛克頓而言，他根本不知「沮喪」為何物。薛克頓的性格中，似乎具有一種強烈的只為達到目標而專心致志的精神——然而，他仍然懂得該適時變通：一旦打定主意要成為踏上南極點的第一人，他就要使盡每一分力氣去完成目標；倘若遇上生死緊要關頭，他也不會因為深怕留下遺憾，或怕被人看作是失敗者，而打消求生的念頭。

自薛克頓從事探險活動以來，大家就都知道，他是個把部屬福祉擺第一的領導者。這個特質使得他的隊員充分信任他，並願意為他賣命。在「寧錄號」遠征中，懷爾德起初對薛克頓無甚好感，但在他們五人從南緯88度折返的途中發生了一段小插曲，使懷爾德自此對薛克頓徹底改觀。根據懷爾德的日記，1909年1月30日晚上，四人用乾肉餅與馬肉果腹，但那一點食物根本無法充饑。薛克頓在飯後私下把懷爾德拉到一旁，從每人每天配給的四個小麵包中拿出一個，硬塞給懷爾德。懷爾德在日記裡寫著：「我想世界上大概沒有人能夠完全了解，他這麼做是多麼大方又有同情心。」他還在這段話下面劃線強調他的決心：「但『我懂』，而且我以上帝之名發誓，我永遠不會忘記。用幾千幾萬鎊也換不到那一個小麵包。」

1914年8月，薛克頓率領「堅忍號」再度南行，由懷爾德擔任薛克頓遠征隊的副指揮。薛克頓的仁慈讓懷爾德畢生難忘，而懷爾德在日後的表現也足以證明，他對薛克頓的忠心不貳是此次遠征的重大資產。就算帝國橫越南極洲遠征隊的準備仍有缺失，但就某方面來說，遠征隊員大可放心：他們的隊長過去曾展現出他的過人之處。這一次南行，薛克頓依然無法達成目標；事實上，他注定無緣再踏上南極大陸。雖說如此，薛克頓依然發揮了他凡事以屬下為先的特質，帶領眾人經歷了探險史上一段英勇而偉大的求生記。

懷爾德
對薛克頓忠心耿耿的遠征隊副指揮。
麥克林醫師描述懷爾德：「永遠鎮定、冷靜，一派泰然模樣，不管情況好壞，他的表情都不會有太大的改變；但如果他真要叫某人跳海，那人必定飛也似跳下去。」

1914年12月9日,在「堅忍號」船首
「天氣霧濛濛,看不到遠方;四點十五分,船又駛進流冰群中。」
(賀理,日記)

南 行

1914年8月8日，「堅忍號」離開普利茅斯往南行，經過馬德拉島 (Madeira)，經過烏拉圭首都蒙地維多 (Montevideo)，來到布宜諾斯艾利斯。「堅忍號」在布宜諾斯艾利斯停留了將近兩星期，除了裝載糧食裝備之外，也調整了船員。薛克頓本人直到「堅忍號」於10月中旬駛抵布宜諾斯艾利斯後，才與遠征隊會合。「堅忍號」從英國南來的這段航程並不順利。由於燃料不足，船員只好挪用原來預備搭南極磁學研究小屋的木料；而「堅忍號」在血氣方剛的紐西蘭籍船長沃思禮帶領下，紀律十分散漫。沃思禮在日記裡提到一段發生在馬德拉島的口角，他自己覺得挺有趣的：「艾文的頭頂被劃了一劍，而巴爾的臉被大花盆砸個正著。」薛克頓與「堅忍號」會合沒多久，艾文、巴爾和其他兩個現在已被遺忘的名字，就從船員名錄上消失。

此外，澳洲籍的攝影師賀理 (James Francis Hurley) 比薛克頓早幾天來到布宜諾斯艾利斯與「堅忍號」會合。薛克頓的影片聯合組織能否成功，希望全繫於才華洋溢的賀理身上。賀理天生適合從事歷險，從小獨立又頑固，十三歲逃家，在附近一家鐵工廠找到工作，而工廠把他帶到雪梨的造船廠去。賀理在少年時期便擁有了自己的第一台相機，他以每週一先令的分期付款方式，買下了一台十五先令的柯達方鏡箱照相機。他的第一份攝影工作是拍攝明信片用的照片，但他很快就把攝影的焦點轉移到更合自己興趣的目標上。

10月26日，船身漆成了黑色，裝載了新鮮補給品和六十九隻加拿大雪橇犬的「堅忍號」揚帆向南大西洋出發。此時，布宜諾斯艾利斯是雨天，這並不尋常，表示威德爾海的冰尚未融化。遠征隊憂心忡忡；薛克頓也因資金籌措沒有進展而寢食難安。隨隊的地理學家沃迪 (James Wordie) 先把自己的積蓄借給薛克頓買燃料。船上配有無線電收話機，但遠征隊買不起

李 思
皇家陸戰隊上尉李思，
原職為體能訓練教官，
被借調至遠征隊之前
曾隨軍派駐至中國服役。
他差點被選進
史考特的第二次遠征隊。

考特，素來嚴格規定軍官及科學家不得與水手相互往來；但是在薛克頓指揮的「堅忍號」上，不那麼講究階級之分。

「我們竟然也要幫忙！」英國海軍陸戰隊上尉李思 (Thomas Orde-Lees) 在日記裡寫著：「光靠水手不足以應付整艘船航行運作的需要，所以在碰上需要揚帆，以及需要調整船帆角度時，我們這六個科學家就得幫忙拉帆索⋯⋯拉帆索會讓雙手痠痛，而且繩索髒得要命，又沾滿焦油，不過這倒是很好的運動。」

李思是隊中的滑雪專家，也負責管理後來完全派不上用場的螺旋槳機動雪橇。在諸位隊員所保留的日記中，李思最常在日記裡侃侃而談，也最固執己見；但他的日記提供了相當豐富的資訊。李思是在英國南部馬爾勃羅鎮 (Marlborough) 的私立學校受的教育；眾人之中最討厭做這些粗重低下工作的莫過於李思，但他其實也明白做這些粗活的目的。

李思在日記裡承認：「反正做完這些粗活可以泡個澡洗乾淨。而且從鍛鍊的角度來看，多動一動是好的。」不過，連薛克頓都料不到，如此鍛鍊竟然在日後為全隊帶來莫大好處。

「堅忍號」離開布宜諾斯艾利斯十一天後，在雪花紛飛的11月5日抵達南喬治亞島，漫天白雪遮蔽了陡峭崎嶇的海岸線。遠征隊受到島上為數不多的挪威捕鯨人熱烈歡迎。遠征隊員看到東道主雖然位處文明世界最偏

發射台。儘管問題重重，「堅忍號」還是出發了，前往計畫中的最後一個停靠港——位於福克蘭群島東方的南喬治亞島。

「堅忍號」遠征隊和其他遠征隊伍一樣，船上人員包括軍官、隨隊科學家和水手。信守英國海軍傳統的史

刷 地 板
由左至右分別是沃迪、齊漢、麥克林。
「我就是討厭刷地板。在很多方面我可以把社會地位的尊嚴放一邊，但我真的不認爲刷地板是有教養的人該做的差事。」
(李思，日記)

遠的前哨，卻還能維持相當舒適的生活設施，莫不留下深刻印象。捕鯨漁民的住所有電燈，還有熱水。格特維克 (Grytviken) 捕鯨站的站長亞格森 (Fridthjof Jacobsen) 家中不但有暖氣，甚至有天竺葵在窗臺邊盛開——如此的點綴儘管宜人，卻掩不住捕鯨業在此留下的污跡穢痕。南喬治亞島的天然港灣裡，四處可見油膩的鯨魚內臟及腐肉，鯨魚殘骸的腐臭味瀰漫在空氣中，格特維克捕鯨站四周的海水也早已被血水染成一片紅。

遠征隊用賒帳的方式向此地捕鯨人購買煤炭和衣物，也向他們探得寶貴的資訊。在這個世界上，這群人大概是對薛克頓即將進入的那片海域最瞭若指掌的人。他們證實了遠征隊在布宜諾斯艾利斯聽到的消息：今年海

冰的狀況很不尋常，浮冰群向北蔓集結的情況嚴重。漁民建議薛克頓多停留一陣子，等南半球的夏天再啓程。於是，原先預計在島上的短暫停留就此延長爲一整個月。

遠征隊留在南喬治亞島的日子過得相當愜意，隊員間逐漸熟稔，對彼此的職責也有更進一步的認識。遠征隊員置身於壯麗的亞南極區景觀中，鎮日可見南象海豹 (elephant seal)、企鵝，以及各種野鳥等亞南極區動物，至少覺得已經展開了在浩瀚極地探險的生活。負責訓練雪橇犬的隊員分頭把小隊帶開，到附近山坡上練習，不讓狗兒去吃港邊漂浮的鯨魚殘骸，也不讓牠們有機會遊蕩到老漁人的墓園亂刨土。隨隊的科學家漫遊於山丘間，觀察各種野生動物並「採集

維梭加小屋（Veslegard Hut），
南喬治亞島，
1914年11月28日
在南喬治亞島逗留期間的
露營之旅，詹姆士爲沃迪、
賀理(背著相機袋)
和柯拉克拍下這張照片。

標本」。賀理在沃思禮船長和大副葛士奇 (Lionel Greenstreet) 的幫助之下，把重達四十磅的攝影器材吊至島上的高地，俯瞰格特維克港，拍下了「堅忍號」下錨停泊於港中的照片；在壯巍的群山環繞之下，「堅忍號」顯得如此渺小。性好挑戰的李思躍躍欲試，想獨自攀爬島上的高峰；而素來重視屬下安危的薛克頓當然不答應。木匠麥尼旭 (Henry McNish) 忙著爲多餘的甲板空間做遮蓬，其他水手則待在船上。

說起來，遠征隊裡有不少人算得上是「老南極」。擔任三副的齊漢 (Alfred Cheetham) 到南極的次數比其他人都多，只比懷爾德少一些：齊漢 1902 年在一艘補給船「黎明號」 (Morning) 上擔任水手長，奉派去搜救與運送補給品給史考特的「發現號」；接著在薛克頓率領的「寧錄號」上擔任三副；後來又在「新地號」 (Terra Nova) 上再度跟隨史考特。精瘦結實的齊漢是利物浦人，個性是出了名的活潑又充滿幹勁；他在「寧錄號」和「堅忍號」上都是領唱起錨歌的人，是個不折不扣的老水手。當年要找他上「寧錄號」時有段小插曲：據說他爽快答應後，飛也似的跑到「晨光號」老夥伴木匠畢斯比 (Bilsby) 家裡，告訴畢斯比太太說，他和畢斯比又要上船到南極去；隨後才跑到畢斯比工作的地方，用一口利物浦腔對著他大叫：「喂！師傅！你又要和咱一塊兒上南極啦！」畢斯比說：「得先和我那口子說去。」齊漢嚷著：

南喬治亞島全景，「堅忍號」泊在港中
沃思禮和葛士奇 (照片前景) 幫賀理把攝影器材吊上杜思佛峰（Ducefell），拍下這張照片。

「我已經跟你老婆說過了，師傅，這就走吧。」

當然，攝影師賀理對南極也不陌生。1911年，二十六歲的賀理一聽說澳洲知名的極地探險家莫森博士計畫前進南極探險，就打定主意要爭取到隨隊攝影師的工作，卻苦於沒有人可以幫他搭上線。賀理於是趁著莫森博士搭乘火車的機會，到莫森的私人車廂裡向他毛遂自薦。莫森博士很欣賞賀理的進取心，三天後就答應要用賀理。賀理為莫森的探險隊所拍攝的影片《暴風雪之鄉》(Home of the Blizzard)相當成功；這部片子間接促使薛克頓成立「帝國橫越南極洲影片聯合組織」。在「堅忍號」隊友眼中，賀理「個頭健壯結實」，任勞任怨，而且只要能夠捕捉理想鏡頭，吃足苦頭也在所不惜。雖然大家都相當肯定賀理的專業表現，他在船上的人緣卻不怎麼好。賀理憑著天份和努力在社會上打拼，對自己過人的才華十分引以為傲。他愛聽阿諛奉承的話，同船伙伴覺得他「相當浮誇」，給他起了個綽號叫「王子」。

馬思頓 (George Marston) 曾在「寧錄號」上與薛克頓共事過。馬思頓畢業於倫敦的一所藝術學院，常和一群志趣相投的年輕同伴往來，結識了薛克頓的姊妹海倫與凱薩琳。受到薛家姊妹的鼓勵，馬思頓前去應徵隨隊畫家的職位。在「寧錄號」的遠征中，馬思頓一共參加了三段的雪橇行程，其中有一次與薛克頓同行，使薛克頓對他的優良體能留下深刻印象。

馬思頓的父親是馬車木匠，祖父是造船木工，他和賀理一樣多才多藝，在往後的歷程中對大家頗有貢獻。

後人對一級水手麥里奧 (Thomas McLeod) 所知不多，只知道他是個很迷信的蘇格蘭人，曾經跟隨史考特的「新地號」到南極，也曾在薛克頓的「寧錄號」上效力。麥里奧十四歲上船討生活，到「堅忍號」上服務時，已經累積了二十七年的海上經驗。

高而瘦削的愛爾蘭水手科林 (Tom Crean)，生於凱瑞郡 (Kerry County) 偏遠地區的農家，家中還有九個兄弟姊妹。1893年，十四歲的科林謊稱已年滿十六歲，登記加入英國皇家海軍，一路從二等練習生做起。科林能操流利的英語及愛爾蘭語，卻始終對自己的小學學歷耿耿於懷。對於在「堅忍號」上擔任二副的科林來說，學歷其實不是問題，反倒是他對學歷的在意使他錯失升遷的機會。

若是不論階級，而以個人實際的貢獻來看，科林在薛克頓的眼中是遠征隊的一張「王牌」。科林曾經在「發現號」與「新地號」上兩度追隨史考特遠征南極，而且因為在「新地號」遠征表現英勇，獲頒艾伯特獎章 (Albert Medal)。1911年史考特再度向南極出發，科林也是十六名遠征隊員之一。史考特向來從不預先分派任務，所以遠征隊裡沒有人知道自己是會被排在向南極點推進的小隊裡，還是會在長途奮力拖載沈重的糧食與裝備後奉命折返。1912年1月3日，史考特告訴科林和愛文思 (Teddy

科林（立者）與齊漢
「愛爾蘭巨人」
與瘦小的「南極老兵」。
在加入「堅忍號」行列以前，
科林是史考特「新地號」
和「發現號」
南極遠征隊的隊員。

因而增加了第五名成員。南極點小隊數量有限的四人份糧食這下子多了一人分用，增添了致命的危險；「回營小隊」也受連累，三個人必須背負四個人的裝備，而在回程途中多吃了苦頭。愛文思原先就罹患了壞血症，最後在返回營地的途中不支倒地，只好讓科林和萊思理拖著走，直到再也走不動為止。最後，科林帶著三個小麵包和兩條巧克力獨自啟程向外求援，此時他們離最近的救難所還有35哩（約56公里）的路程。

科林後來在給朋友的信裡表示：「說真的，我到達救難小屋時已經非常虛弱。」科林是個硬漢。在那次折返的途中，科林和兩名同伴帶著小馬在支離破碎的浮冰上走了一大段路後，停下來準備晚餐。他們錯把一包咖哩粉當作熱可可泡成飲料。他的同伴回憶說：「科林一骨碌把整杯咖哩水喝下去，根本沒發現味道不對。」如此好漢一條，聽到史考特在南緯87度宣布自己不在南極點小隊裡，想到自己離南極點只有150哩（約240公里）遠，卻無法繼續前進，去爭取最偉大的光榮，他卻忍不住放聲大哭。

「堅忍號」上有許多水手過去曾在北海的拖網漁船上工作；可以想見，那樣的討海生活有多麼艱苦。想當然爾，這些水手都不是乖乖牌。其中有個曾在英國海軍服役，又在冰島外海的拖網漁船擔任水手的文森（John Vincent），是個頻頻惹事的大惡霸。「堅忍號」上的編制內有兩名司爐手，一個是曾在皇家陸戰隊服役，

Evans）、萊思理（William Lashly），他們三人不在「南極點小隊」名單裡，要他們隔天動身返回駐紮營地。當時，所有的糧食補給和器材都已預先分成兩份，供每隊四人的兩個小隊使用；但史考特在最後關頭決定留下包爾思（"Birdie" Bowers），南極點小隊

也曾擔任軍官侍童的史帝芬生 (William Stephenson)，一個是水手群中最年輕的「約克郡小子」賀尼士 (Ernest Holness)，他是李思眼中「對遠征隊最忠心」的人。

船上水手群中，有四個人的人緣特別好。年輕的麥卡錫 (Timothy McCarthy) 是隸屬英國商船隊的愛爾蘭裔水手，生性幽默好脾氣，而且反應機智，妙語橫生。郝華特 (Walter How) 來自倫敦，前來應徵「帝國橫越南極洲遠征隊」的三個星期前，才剛從海外服役歸來。薛克頓很欣賞他先前在加拿大巡洋艦服役的經驗，因為他服役的地點就在位於北極圈下方的拉不拉多半島外海。郝華特的性情開朗，也頗有藝術天份。貝威爾 (William Bakewell) 是在布宜諾斯艾利斯才加入「堅忍號」的水手，他在二十七歲上船討生活之前，當過農場工人、伐木工和鐵路工，也曾在美國蒙大拿州的牧場做工。他原先隸屬的船隻「金門號」(Golden Gate) 在拉普拉塔河 (River Plate) 擱淺後，便鎮日和船友白博洛 (Perce Blackborow) 在布宜諾斯艾利斯的碼頭晃盪，想找機會搭船到英國去，沒想到碰上了「堅忍號」。

貝威爾回憶：「那真叫一見鍾情。」兩個年輕人一聽說正在招募替換船員的「堅忍號」隸屬聞名全英國的薛克頓爵士，二話不說，立刻報名。薛克頓對貝威爾過去操作帆船的豐富經驗相當滿意，立刻決定雇用他（當然，美國籍的貝威爾假冒加拿大

人，以享受船上對英國殖民地居民的優待，也是獲得錄取的部份原因）；不過他覺得白博洛太過年輕，因此不予錄用。結果白博洛靠著貝威爾和郝華特的幫助，偷偷上船躲在水手群所下榻的艏艛的衣櫃中。直到「堅忍號」駛離布宜諾斯艾利斯一天後，他才被

馬思頓
過去的船友形容隨隊畫家馬思頓：「有著職業拳擊手的體格和臉孔，以及墮落天使的氣質。」

「堅忍號」航向南極途中

「當這艘船與其他船隻並排停靠在港裡時,我從船尾看到了船名,『堅忍號』,倫敦。靠近一點看,發現船並不是那麼整齊清潔,甲板上四處是大小形狀都不同的木箱,而且起碼有一千隻狗。」(貝威爾,自傳)

人發現,揪到薛克頓面前。又餓又怕又暈船的白博洛,在「老闆」面前著實挨了一頓好罵,讓旁觀的水手都對薛克頓另眼相看。罵到最後,薛克頓彎下身,湊近白博洛身旁說:「你知道嗎?我們在這種遠征任務中常得挨餓,如果逮到了偷上船的傢伙,就拿他來打牙祭。」還好,大夥兒聽懂了

薛克頓這麼說是表示願意讓白博洛留下來了。於是,白博洛被派做廚房侍僮,月薪三英鎊。事實上,薛克頓後來慢慢把這個沈靜又認真的威爾斯男孩與其他水手等同看待。

麥尼旭是水手當中年紀最大的幾個人之一,眾人照著傳統對隨船木匠的稱呼,叫他「師傅」(Chippy)。麥尼旭來自格拉斯哥 (Glasgow) 港外的開斯卡 (Cathcart),個性耿直,從一開始就讓薛克頓心中不安。

離開南喬治亞島之前,薛克頓在給好友兼經理人派瑞斯 (Ernest Perris) 的信裡寫道:「唯一讓我感到沒有十足把握的,只有木匠一人。」麥尼旭大概也是整個遠征隊中最神祕的成員。他一度自稱曾於1902年跟隨布魯思 (William Bruce) 的蘇格蘭探險隊南行。雖說此話不真,可他行遍大江南北,閱歷豐富倒是事實。麥尼旭當時的實際年齡是四十歲,但不知何故,薛克頓和船上水手都認為他已經五十好幾。麥尼旭在船上人緣不頂好,但大夥兒對他敬重有加;不僅因為他是個手藝精湛的木匠,更因為他是資深的皇家後備海軍水手。

另一支遠征隊的隊員回憶:「師傅脾氣不好,也沒耐性。而且他帶有蘇格蘭腔的沙啞聲音聽起來像是磨損的纜線。」麥尼旭把愛貓「師娘」(Mrs. Chippy,後來才發現牠原來是隻公貓) 也帶上了「堅忍號」。根據許多隊員的形容,「師娘」是一隻「個性十足」的虎斑貓,總是在確定所有雪橇犬都被繫在狗籠裡後,爬過成排

的狗籠頂，戲弄那些個野性未馴的雪橇犬。

除了薛克頓之外，「堅忍號」上有二十七個人，說起來並不算多。他們必須要一同奮鬥，向南航行千里，穿越佈滿浮冰的大洋，抵達預定地。當時船上的每個人想必都小心打探與捉摸彼此的經驗和個性。就連身為遠征隊總指揮的薛克頓，也免不了要被其他人私下估量一番。

大副葛士奇在給他父親的信裡，形容薛克頓「古怪，喜怒無常，我不確定到底喜不喜歡他」。薛克頓到達布宜諾斯艾利斯時身體微恙，隨船到了南喬治亞島時似乎仍尚未完全恢復。有一天，沃迪陪薛克頓在島上走，注意到薛克頓「咳得厲害，而且好像走得很累」。那時的薛克頓除了

健康問題之外，心裡還掛著許多事：海面出現歷年來最嚴重的海冰集結，一點也沒有好轉的跡象，捕鯨漁民建議他把計畫延後，等下一季再出發。但對薛克頓來說，延後計畫等於永遠放棄這次遠征，況且在英國還有大戰和財務問題懸而未決。

1914年12月5日早晨，「堅忍號」終於駛離了格特維克的坎伯蘭灣 (Camberland Bay)。船上新添了兩頭活豬和各種新鮮糧食補給品。大家經過一番養精蓄銳，莫不滿心期待下一階段歷程的開始。船朝南南東方行駛，南喬治亞島上的山峰一直到傍晚才逐漸消失在天際。

隔天一早開始，「堅忍號」就陸續碰上巨大的冰山，到了12月7日，

沃思禮指引舵手
穿越海上浮冰
沃思禮全身穿戴防風裝備，
打信號指引舵手。

「堅忍號」已經來到流冰群 (pack ice) 的外緣。對於航行的船隻來說，威德爾海彷彿是大自然特別設計的高度危險水域。威德爾海受三條帶狀的陸地包圍而成，東邊散佈著南桑威奇群島 (South Sandwich Island)，南極大陸居中，西邊則是細長的帕默半島 (Palmer Peninsula)。盛行洋流以順時針方向在略呈圓形的威德爾海域緩慢流動。也正因此，在此地隨時都能形成的海冰，永遠不可能流到溫暖的北方融化，只能隨海水在半圓形海域內打轉，最後被洋流向西帶到帕默半島邊，層層堆積。

「堅忍號」在接下來的六星期裡左閃右避，小心翼翼避開大塊的浮冰和流冰群；有時只能加足馬力，硬撞過去。薛克頓原本希望能一路維持在流冰群外圍東邊航行，繞過流冰群，駛達南極大陸的法索灣 (Vahsel Bay) ——這個策略到此就不管用了，沒多久，他不得不下令從流冰群中穿過。

「堅忍號」繼續南行，所經過的海面佈滿了積著雪的浮冰，有些浮冰塊的面積甚至有150平方哩那麼大。「一整天裡，這艘船就像一支攻城的槌子，不斷撞開前方的流冰，」賀理在12月中旬某天的日記裡寫著。「大家都很欽佩我們這艘堅固的小船。它似乎很樂意向前與我們共同的敵人格鬥，以優雅的方式把海冰撞得潰散。每當船身撞上流冰，它就停下來，一動也不動，一陣顫抖從桅頂傳來，直抵內龍骨；幾乎就在同時，船首旁邊的浮冰出現一道長長的裂縫，此時我們立刻加足速度向裂縫開去，就像楔頭一樣，慢慢迫使裂縫擴大，最後終於有足夠的空隙能讓船身通過。」

盤旋數日的濃霧逐漸散去，明亮的陽光終於出現。南半球夏夜的黃昏特別長，支離破碎的流冰在此時看來彷彿蔚藍池塘裡的巨大白色蓮花。「堅忍號」行經幾群在冰上曬太陽取暖的食蟹海豹，還有許多讓人百看不

處於流冰群中的「堅忍號」
「流冰群像是大自然設計的巨大拼圖，無邊無際。」(薛克頓，《南行》)

厭的阿德利企鵝和帝王企鵝。有時候，一大群企鵝在「堅忍號」經過時出其不意從海中衝上浮冰，對著船大聲喧嚷。漸漸的，水面空曠的範圍愈來愈小，最後，整個海面看起來就像一大片雪地，只偶見小水道點綴於浮冰間。

耶誕節那天，船上掛滿了色彩鮮艷的旗幟，餐桌上的擺設也花了番心思，廚房端上應景的甜餡餅和耶誕布丁，晚餐後還有自娛娛人的歌詠會做為餘興節目。在這段日子裡，大夥兒常倚在舷欄邊，欣賞瑰麗燦爛的日落。1914年的最後一天，「堅忍號」花了一早上辛苦衝撞堅硬的浮冰後，意外地順利航進南極圈，只見夢幻般璀璨的晚霞倒映在平靜的水面上。午

夜過後，跨入1915年1月1日，船上的蘇格蘭裔成員聚在一起，高唱蘇格蘭民謠〈往日美好時光〉(Auld Lang Syne)，把已經歇息的「正派人士」吵醒。李思在日記裡怨聲載道：「蘇格蘭佬是過年時候最惹人厭的人，他們的歌聲令人不敢恭維。」而這時，薛克頓、懷爾德、沃思禮和哈德森(Hubert Hudson)四人在船橋上互相握手，互道新年快樂。

這時的天氣多雲時晴，「堅忍號」碰上的冰山漸多。水面以上的冰山看似藍白色大理石刻成的巨型雕塑，而水面以下的冰山只見一片深黝的靛藍。遠征隊員多半以整理內務來消磨時間。李思把他的襪子織補了一番，又把衣物全清洗一遍，再加以縫補；

冰山，1914年12月21日
「早上十點，
我們進入長長的水道，
一路不見浮冰，
倒是見到幾座雄偉的冰山，
其中一座高達兩百英呎，
我把它拍了下來。」
(賀理，日記)

賀理利用了到午夜仍未消逝的日光拍照；生物學家柯拉克 (Robert Clark) 則趁此時就著顯微鏡研究威德爾海的矽藻沈澱物。1月6日，大夥兒帶著雪橇犬，到左近的大浮冰上做運動，這是離開南喬治亞島一個月以來的頭一次；才不一會兒，野性未馴的雪橇犬便扭打成一團，有幾隻還從半融的冰上跌到水裡去。

1月7日和8日的流冰集結得很嚴重，「堅忍號」不得不循原路倒退，另行在冰縫間尋找狀況較佳的水道航行；好不容易到了1月10日，「堅忍號」駛達別具意義的南緯72度：這表示南極大陸的科茨地 (Coats Land) 已遙遙在望，「堅忍號」要開始接近高達100呎 (約30公尺) 的大冰障了；如果一切順利，再一個星期就可以抵達法索灣。按照薛克頓的計畫，「堅忍號」會載著「隨船小隊」返回布宜諾斯艾利斯或南喬治亞島過冬。因此，即將踏上南極大陸的「登陸小隊」隊員莫不振筆疾書，好屆時把信件交托北返過冬的夥伴代寄。

小雪後的上甲板
「真不可思議，雪橇犬竟然寧可睡在積雪的甲板上，也不願睡狗籠。」
(李思，日記)

1915年1月6日：帶雪橇犬下船運動

「我們利用白天帶狗到我們下錨的大浮冰上運動。這是近一個月以來的第一次運動，對牠們頗有好處。」

(賀理，日記)

科林抱著小狗

「兩隻豬對面住了
五隻剛出生的小狗
和牠們的母親,
這樁『趣事』發生在三天前,
雖然我們都聽到
小狗細微而尖銳的叫聲,
不過到目前為止,
只有那個像『醫院護士長』
一般忙著照顧那隻母狗的
科林見過那些小狗。
這些小狗仔
很快就會變得很好玩。」
(李思,日記)

1月11日,遠征隊眾人的早餐是桂格燕麥片、海豹肝和培根肉。惡劣的天氣使得「堅忍號」無法繼續航行,只能隨著一塊大浮冰漂流。木匠麥尼旭利用這個短暫的機會,替「老闆」薛克頓做了一個小抽屜櫃子。另有人注意到,薛克頓看來似乎「疲累不堪」;在過去幾天裡,他能安心闔眼歇息的機會實在不多。在南喬治亞島買上船的兩隻豬,分別被取名為派崔克爵士和布麗姬丹尼斯,吃得愈來愈肥;雪橇犬莎莉生了三隻小狗;有人在日記裡用打趣的口吻描述硬漢科林像個「醫院護士長」似的,為了照顧小狗而忙成一團。那一天的重頭戲是晚餐:有扁豆濃湯、燉海豹肉、罐頭豆子和蛋奶凍。

薄霧和白雪揭開了1月12日的序幕,但基本上說起來,這一整天過得還算不錯。柯拉克從撈網中採集了許多有趣的微生物;傍晚時分,一大群擠在鄰近浮冰上的幼年帝王企鵝從船身邊掠過。「堅忍號」借助蒸汽動力前進,穿過密集的流冰群,航進開闊無阻的海域,到達了1903年布魯思率領的「斯科細號」(Scotia) 探險隊所抵的最南點。

使用探測儀後,發現水深只有150噚 (約275公尺),顯示船已經接近陸地。在糧食庫間忙進忙出的李思,用挖到寶似的得意口吻宣佈自己找到「一箱橘子醬,和其他一、兩樣薛克頓爵士想要的東西」。

「堅忍號」整夜努力,想沿著流

1915年1月14日，頂風停住

「一整天都被流冰群困住……天氣好得不得了。這是自從離開南喬治亞島以來天氣最好的一天，也是自出發以來所遇到的第二個晴天。」

(賀理，日記)

1915年1月14日
「四下的浮冰零散又破碎，倒讓我覺得像是冰塔。15至20英尺高的冰脊雄偉矗立，足證在這個緯度區的流冰威力與壓力有多大。」
(賀理，日記)

1月14日，南緯74度10分，西經27度10分
決定要在浮冰群中頂風停住，於是大家有機會在冰上四處走走。

1915年1月20日，流冰群

攝於「堅忍號」最後被浮冰完全困住的那一天。

「我們只剩下85哩 (約136公里) 路程，但浮冰被東北風吹得牢靠著冰障，動也不動。」(麥尼旭，日記)

受困，滿帆
1月24日晚，
船前方的浮冰間出現一條水道。
「今早九點，
我們揚起所有的帆，
加足了速度向前，
讓引擎轉動到中午方休，
只希望能夠開到
無冰的水域去，
但完全白費力氣。」
(李思，日記)

冰群邊緣航行，繞過大冰障；但一直到1月13日還是被困在毫無裂縫的流冰中，隨冰逐流。「堅忍號」用了兩天的時間四下尋找浮冰間的縫隙，最後只好熄火頂風停住。1月14日的天氣非常宜人，是自從離開南喬治亞島以來天氣最好的一天，氣溫高達華氏25度 (約攝氏零下4度)，可是「堅忍號」仍被四周的流冰卡得緊緊的。老是盤踞在瞭望臺取景的賀理，如此形容當時情景：

冰山與大塊浮冰的影子倒映在湛藍海面上；高壓冰拖著深藍色的影子在陽光下閃爍，是我在南半球所見的絕美景致之一。四下的流冰零散又破碎，倒讓我覺得像是冰塔。15至20英尺高(約24至32公尺) 的冰脊雄偉矗立，足證見這個緯度區的流冰威力與壓力有多大。

李思從瞭望臺上放眼望去，發現到處都是受巨大壓力擠壓而成的起伏冰。

就在那天晚上，微風吹起，很快就對浮冰起了作用；還不到午夜，冰障末緣就出現了一條水道。1月15日清晨，天空依然罩著薄霧。一整天裡，海豹數量比平常多了許多；下午三點左右，「堅忍號」還經過一大群從冰障游向近海浮冰的海豹。全船的人都聚在舷欄邊，觀賞海豹如同海豚一般繞著船潛水嬉戲，為牠們大聲喝采。大夥兒在日記裡都用了相當感性的字句記述這個難得的場面。到了晚

上，天空豁然開朗，一條水道適時出現，「堅忍號」得以揚起風帆，向南前進。眼前是一片平靜無冰的海水。在極區漫長的昏黃夏夜中，「堅忍號」在近午夜時到達一個由冰河前端與冰障所形成的避風港。

「那個港灣……是絕佳的登陸點。」薛克頓描述那個由平滑冰形成的「天然碼頭」，港灣獨特的輪廓可以阻擋其他方向的風，只容北風吹入。他寫道：「我把這個港灣命名為『冰河灣』(Glacier Bay)。後來的演變，讓我每思及此地便不禁懊悔。」

「堅忍號」沿著冰河前端徹夜前進，在清晨時抵達另一個裂縫甚深的冰河溢流口，凍結的溢流從高達350呎 (約105公尺) 的崖壁上懸垂而下。早晨八點三十分，「堅忍號」在順暢航行了124哩 (約197.5公里) 後，由於浮冰密集而停住；薛克頓推測，是漂流在附近的巨大冰山使得船在流冰中動彈不得。「堅忍號」停靠在一座小冰山附近，這座冰山上有輪廓分明的嵌入物，因而特別好認，遠征隊的地理學家沃迪指出那是「黑雲母花崗岩」。又過了不久，一陣風由東吹來，風勢漸強，最後轉為強風。位於下風處的浮冰開始出現縫隙，受壓破裂，「堅忍號」只好在附近的冰山後面頂風停住。經過這麼順暢的航程後再度困在流冰中，實在無趣。閒不下來的李思不厭其煩，把船艙裡的糧食又重新整理一次。

強風颳個不停，到隔天仍不止

歇。未曾下錨的「堅忍號」在洶湧的冰洋中顛簸起伏，加足馬力繞著小圈子。幾隻海豹乘浪游過船邊，頭高高抬出水面。賀理躺在舖位上，不經意把視線從書本移開，舷窗外只見巨大的雪白冰山和低鬱陰沈的雲層。

1月18日早晨，風力減弱，可以揚帆，「堅忍號」趁此循冰河前端剛裂開的長水道前進。只可惜到了下午又碰上了密接冰。「堅忍號」小心翼翼穿過厚實的流冰，向寬暢的水域前進。足足順利航行了24哩 (約38.5公里) 遠，才又遇到一批碎冰與流冰群。

「流冰群的性質與先前不同，」沃思禮寫道。「此處的冰塊非常厚，但冰面上大部分是雪；雖然密接的流冰會裂成大塊浮冰，但碎裂後的浮冰依然體積龐大而沈重，不費一番力氣還真難移開……所以我們決定暫停片刻，看看等東北風停了，會不會再有水道出現。」

輪到飽受暈船之苦的李思值班，在「下雪又颶風的惡劣天候下」掌舵。他把下午時間拿來準備糧食裝備，仔細把糧食分成「登陸小隊」和「隨船小隊」兩類。不像他這麼勤快的人，則因突來的停滯而感到百般無聊。

「想到離預定紮營的法索灣只剩80哩 (約128公里) 心裡就很高興，」賀理在日記裡是用德文名稱來稱法索灣。「我們都很渴望能早日抵達目的地，因為眼前枯燥的生活已經對某些人造成影響。」

翌日早晨，天氣還算不錯，但是海冰的狀況變得更糟，船身四周的流冰在夜間凍結了。隨隊的科學家盡忠職守，繼續採集樣本，但其實大家都關心海冰的問題。浮冰受強風吹襲，緊貼著南極大陸外緣的冰架。登高從瞭望臺上看去，四下根本找不到任何裂縫可供航行。雖說如此，那天晚上眾人歇息前仍抱一絲希望，只盼風向改變，使浮冰碎裂，讓他們能夠繼續前進。如果順利，只要再一天的航程就可以抵達法索灣。

兩天前開始時起時停的東北強風，在18日夜裡又起。大清早的天空陰沈沈飄著雪。微光中，眾人看到船身四周的浮冰積得更密。所幸當天氣溫有華氏28度 (約攝氏零下2度)，不算太低，因此李思觀察眾人後得到結論：「目前大家對於我們被凍住的狀況並不擔心。」既然船動彈不得，眾人也就無所事事。懷爾德射殺了一隻9呎 (約2.7公尺) 長的食蟹海豹，是那一天裡的高潮；新鮮的海豹肉為全船的人和犬和「師娘」加了菜。隨隊科學家群聚在柯拉克的船艙裡舉行一場小型演唱會。他的艙房是眾人最喜歡聚集的所在，因為那裡接近鍋爐，再溫暖不過。賀理依然埋首於書信間，好讓隨船小隊帶回南喬治亞島寄出，而李思照舊把時間花在清洗和縫補衣物上。

1月21日，強風不歇，不斷自東北方呼嘯而來，把南極大陸冰棚上的雪一陣一陣捲起，空氣中的濕度升高，軍官起居室和艙房很快就因雪水

融化而變得潮濕。結冰對船舵造成莫大的壓力，船員不時得下船去把舵邊的冰敲碎。維持蒸汽鍋爐不停運作是很耗燃料的，但薛克頓仍下令要鍋爐繼續運作待命，以便一發現冰隙水道就即刻啟程。「堅忍號」牢困在浮冰間，與四周的流冰群一同隨著威德爾海洋流漂動；再不用多久，她就會離陸地愈來愈遠。

強勁的東北風斷斷續續吹了六天，終於在1月22日平息；隔天是晴朗而寧靜的一天。賀理立刻利用天氣放晴的大好機會拍攝幾張彩色照片，李思則繼續洗刷與織補。眾人檢視船上的燃料存量：從南喬治亞島出發時攜帶了160噸煤炭，現在只剩下75噸左右。

1月24日午夜，船右側約100碼（約90公尺）處的浮冰上出現了一道裂縫。「堅忍號」當下加足馬力，揚起風帆試圖前進，卻如何也動彈不得。眼看脫身之路就在咫尺，卻如此可望而不可及，大家試著用鑿子和鐵橇合力劈出一條通路。前方看到浮冰碎裂，但就算眾人使盡了力氣，也對船身四周的堅冰莫可奈何。

「被困在冰中。動彈不得」；「仍然困在冰中，冰一點裂開的跡象也沒有」；「那條看起來很有希望的水道又快要合攏了」；「依然受困」。在往後幾天裡，眾人日記裡的

滿帆，受困
沃思禮給這幀照片
下了個標題：
「正值青春年華的堅忍號」。

在冰上踢足球
是船受困期間
頗受歡迎的消遣。
全船公認足球踢得最好的人，
是同為蘇格蘭人的
麥克林和柯拉克。
攻守雙方分別是
「左舷看守隊」和
「右舷看守隊」。

字句，從原先的滿心期待一轉而變為
失望與氣餒，顯示大夥兒逐漸意識
到，1月18日在冰中暫歇的一夜，就
此對整個計畫造成關鍵性的打擊。回
想起來，當時竟如此隨便就決定要頂
風停歇。

　　「看樣子，我們註定要被困在流
冰群中過多，」賀理在1月27日的日
記裡寫著。「午夜的氣溫驟降，只有
華氏9度 (約攝氏零下13度)。低溫使
得附近的小水塘結冰。浮冰凍結實在
不是好現象。」

　　每日例行探測水深的結果顯示，
「堅忍號」離陸地愈來愈遠。隨著日
常工作漸減，大夥兒鎮日無事，感到
無聊自是在所難免。冰上足球賽和照
顧雪橇犬成了最大消遣。每天晚上，
科學家在軍官起居室輪流朗誦作樂，

星期天晚上的歌詠會也成為例行公
事。每星期六晚上，眾人固定舉杯
「向我們的情婦與老婆致意」(隨後必
定齊聲加上一句「願她們永不相
遇」)。有一晚，麥尼旭酒後鬧得過
火，在艙艛引起一場衝突。

　　雖然隨隊科學家和船上水手群早
有心理準備，將要一同南行，但誰也
沒想到竟然要彼此作伴在極區過多。
遠征隊早在布宜諾斯艾利斯就討論
過，打算要北返過多。然而，按照原
先的計畫，「堅忍號」得先卸下「登
陸小隊」和小隊裝備才能返回北方的
港灣。「想到要被浮冰困在船上過多
就覺得掃興，」賀理在2月初的日記
裡這麼寫著，「何況如此一來，工作
的範圍必然受到限制，而且還得和水
手打交道。他們態度親切是親切，但

鑿開「堅忍號」四周的冰

1915年2月14、15日，受困的船身前方400碼處 (約365公尺) 出現了一條可望卻仍不可及的水道。大家奮力想劈出一條通路。

想敲碎四周的海冰
「用十字鎬和鋸子敲開
船身週邊的海冰
已經夠困難了，
遑論要把切開後
每片重達三、四百磅的
碎冰塊抬出水面，
舉起來，拋出去，
讓它們散裂。」
(李思，日記)

整體說起來，他們並不怎麼喜歡隨隊的科學家。」

幾次，冰縫間出現水道，或結冰狀況有所改變，大家的希望就隨之升起又幻滅。也有許多時候，眾人下到船邊，試圖用工具切開堅冰，或用搖晃的方式，希望能讓船脫困。2月22日，「堅忍號」隨洋流來到南緯77度。這是帝國橫越南極洲遠征隊所到達的最南點。

「夏天已經結束，」薛克頓寫道。「說實在的，這個夏季根本有如曇花一現……海豹的蹤影漸渺，企鵝也逐漸離我們而去。地平線彼端的陸地看起來天氣不錯，但那片陸地遙不可及。」2月24日，薛克頓下令停止船上的例行工作，「堅忍號」自此正式成為遠征隊過冬的基地。

「堅忍號」與流冰群奮鬥了六個星期，曾經一度離預定的登陸點只剩

一天的航程。薛克頓和隊員試過以人力為「堅忍號」脫困，卻徒勞無功，只能眼睜睜看著「堅忍號」困在浮冰中，隨之飄盪，離陸地漸遠。

這致命的轉變對眾人的心情造成莫大打擊，其中受創最深的當屬薛克頓。他不僅要負起責任，讓背景各異的遠征隊員在極區的冬季維持健康、保持士氣，更要獨自吞下失望的苦楚。薛克頓年屆不惑，此番費盡千辛萬苦才得以成行；如今英國籠罩在世界大戰的陰影下，一旦失去了這次機會，短期內不太可能再度南行。這次是薛克頓征服南極的最後機會。曾有一段時間，眾人相信，就理論上來說，遠征隊可以等冬天過去，浮冰裂開後，在春天上路。然而，體認到現實情況的薛克頓心裡明白，每多耗一天，希望就少一分。

兩名船醫之一的麥克林(Alexander Macklin) 在日記裡寫道：「情況不僅讓人心懸在半空中，簡直令人抓狂。薛克頓在此刻顯出他真正偉大之處。他完全不因現況而憤怒，也不露出半點失望的跡象；他用簡潔而平靜的語氣告訴大家，要被困在流冰群中過冬，並向我們解釋其中的危險和各種可能性；他樂觀的態度絲毫不減，全心準備迎接冬天來臨。」

在此同時，領航員哈德森再三嘗試用無線電收話機去接收離此最近的福克蘭群島 (Falklands) 發送站的信號，結果是空忙一場。

「堅忍號」不只是望不到陸地。世上沒有人知道這艘船置身何方。

「再度全體動員攻擊堅冰。
我們讓船向前方水道
推進了三分之一的距離。」
(賀理，日記)

想讓「堅忍號」脫困
「全船上上下下忙到午夜，
向前探勘了餘下的
三分之二路程，約有四百多碼。
由於前方的冰塊
實非人力所能移除，
大家才心不甘情不願
打消了繼續前進之想。」
(賀理，日記)

冰中的「堅忍號」
賀理指出，密集的浮冰很像波濤洶湧的海水。

1915年2月，仲夏夜的日落

「迷人的夜晚。空氣中滿是閃閃發光的霜結晶。」

(賀理，日記)

1915年10月19日，船身卡在冰壓的裂紋間
「船身眼看似乎就要傾側倒下。把握機會爲我們英勇的船拍幾張不錯的照片。」
（賀理，日記）

四分五裂

場暴風雪，以及華氏零下8度 (約攝氏零下22度) 的氣溫，揭開了3月的序幕。船身四周的浮冰表面被寒風吹得又硬又粗糙，以致眾人拖海豹肉回船時折損了兩架雪橇。當天晚上，沃思禮船長下令所有人不得離船；風雪太強，出外實在危險。

天氣轉晴，浮冰吱嘎作響，呼嘯的風聲把寂靜填滿。入夜後，南極光投映在浮冰上，反射的亮光讓眾人難以入睡。現實情況如此，非得再等七個月，到10月南半球的春天來臨時，日漸堆積的厚冰才有可能融化。

事情假如照薛克頓原先的計畫進行，此時，由科學家與雪橇隊隊員所組成的登陸小隊應該正忙著自己分內的工作，為春天一到就要展開的旅程做準備；而被分派隨船返北的隊員應該正朝著北方的過冬小站航去。而今，各人的任務都無法順利執行，只有啃噬人心的單調與沈悶懸浮不去。薛克頓從經驗中知道，極地的靜寂陰森而可怕，南極多季的永夜黑暗且空

虛，對人的精神會造成莫大壓力。為了避免眾人受到太大影響，薛克頓定下嚴格的冬季作息表。遠征隊不再像過去那樣夜夜輪班站哨，而改為每天由一人當班，從晚上八點執勤到隔日早上八點，專責注意海面動靜。如此一來，其他人便能夠免除輪值之累，一夜好眠到天明。

為了提振士氣，也為了驅逐寒意，薛克頓把原先專為登陸小隊預備的多衣發給所有隊員 (李思在日記裡逐項記錄了每一項衣物)：兩件德國「獵人牌」(Jaeger) 羊毛衫、連身內衣或長內衣、蘇格蘭羊毛連指手套、一件蘇格蘭羊毛緊身套衫，以及——最重要的——英國「伯貝利牌」(Burberry) 緊身短上衣及長褲。根據一名隊員形容，這個牌子的緊身衣褲質地輕盈，重量與一把棉布陽傘相當，但織工緊密，所以完全不透風。許多水手立刻把剛發下的禦寒衣物放到衣物櫃裡妥善收藏，等回國後要拿出來大肆炫耀。當初預備讓跨越南極

「沿著船艙兩邊
隔成幾個小隔間，
每間長約6呎6吋 (約2.1公尺)，
寬約5呎 (約1.5公尺)，
供兩人居住，不用門做區隔，
而以布簾相間。」
(李思，日記)
「死水潭」裡有兩個小隔間，
住了麥克林、赫胥、麥凱洛伊
和賀理四名居民。

大陸隊員穿戴的衣物則仍然原封不動，因為大家相信，還是有機會成行。

　　薛克頓眼前最迫切的問題，是要為隊員建立舒適的過冬住艙。3月的氣溫高時可達華氏11度 (約攝氏零下12度)，低則至華氏零下24度 (約攝氏零下31度)。科學家和船副軍官等人所住的艉甲板艙房最冷，溫度低得讓人受不了。薛克頓下令清出甲板層之間的儲物區，由隨船木匠麥尼旭把這塊保溫效果較佳的地方隔成幾個小間。

　　3月11日，大家從艉甲板往下層搬，正式住進名為「麗緻飯店」(The Ritz) 的新居。每個長約6呎 (約1.8公尺)，寬約5呎 (約1.5公尺) 的小隔間裡睡兩個人，各家主人都為自己的窩冠上諸如「死水潭」、「泊錨地」、「水手安眠地」等帶有挖苦意味的怪名號。麗緻的中央擺了一張長桌充當餐桌，角落裡擺了個汽化煤油爐。麗緻不僅溫暖，緊鄰的隔間更讓人覺得像家一樣溫馨舒適。科林、懷爾德、馬思頓和沃思禮搬進了原先的軍官起居室；水手則照舊睡在位於甲板層之間，絕緣保溫效果絕佳的艏艛艙房。薛克頓並不受這次搬遷的影響，依然獨自住在船尾最寒冷的船長艙房。經過一番工程，隨船而來的動物也有了過冬的住所。雪橇犬全部住在由冰磚搭起的「狗廬」，環繞堅忍號四周。

堅忍號上的艙房
薛克頓的艙房，
窄小整齊的空間裡
裝滿了他的抱負。

指 引
一個個冰堆排成一列，
上頭繫著反光繩，
可做為暴風雪來襲時的指引。

沿著船四周搭起的狗盧
「雪橇犬上岸後都很高興。
全體出動，用冰磚和雪
搭起我們稱爲
『狗盧』的圓頂冰屋……
犬隻都用鐵鍊綁住，
鐵鍊的另一端深埋在冰雪下，
就這麼凍起來。」
(賀理，日記)

麥克林和葛士奇
爲雪橇犬熬煮獸脂
許多圓頂冰屋，包括一處
供病狗居住的隔離診療屋，
共同組成了狗盧。

船上養的兩條豬也被請到陸地上，住在構造類似的「豬廬」裡；麥尼旭的愛貓仍然留在船上。

黑夜愈來愈長。到了3月底，黑夜與白晝的時間相等。遠征隊的五十幾隻大型雪橇犬野性未馴，精力充沛又頑皮，成了眾人關心的焦點，也是大夥兒消遣娛樂的對象。每天幫犬隻梳理的工作就要花上幾個小時，而雪橇犬玩的把戲和每一隻狗兒的不同個性，讓眾人得以保持忙碌又有活力的生活步調。雪橇犬很能適應冰上的生活，即便大風雪來襲，也只是蜷起毛茸茸的身體，依然安穩睡著。「牠們要是覺得被人類同伴忽略，」沃思禮船長寫道，「也只不過坐起身來，抖掉身上的雪，手舞足蹈片刻，然後就盤起身子，再睡一陣子，睡到『狼吞虎嚥時間』(我們的每隻狗都一樣，沒一隻吃相斯文)，才爬起身來。」

4月初，薛克頓把雪橇犬分為六個小隊，並指派專人照顧各小隊。長久下來，各隊的小隊長莫不以自己的犬隊為傲。小隊之間的競爭與比賽帶來更多娛樂。(「我的小隊是強隊之一。」充滿優越感的賀理，用他慣有的口吻在日記裡寫著。) 然而，犬隻的健康卻也一直是大家關切的問題，因為已經有幾隻雪橇犬因感染腸寄生蟲而死亡。兩隻豬也不幸沒能熬過4月天，進而成為眾人的盤中佳餚。

在逐漸稀微的光線中，遠征隊員帶著雪橇犬隊出外運動，有人出外尋獵現今難得出現的海豹，也有人徒步越過大片浮冰到遠處探索。有幾座冰

山的運氣和「堅忍號」一樣背，被封困在流冰群中。於是，船與冰山就這麼一前一後同受洋流帶動，緩緩向西北漂流而去。大夥兒置身這動盪而漂浮不定的世界裡，漸漸對這些朝夕相見的冰山產生了感情。其中較值得一提的是「壁壘」，一座名符其實的大冰山，在1月初首次與當時仍揚帆航行的「堅忍號」交會。昂首矗立的「壁壘」有150呎 (約45公尺) 高，被浮冰封困在離船20哩 (約32公里) 的

自己舉辦「幻燈片發表會」

「賀理辦了場紐西蘭風光的幻燈片會。我很榮幸身為全船唯一的紐西蘭人，於是盡可能為大家解說一番，不過不外乎是說『這是某某地方』，再用小棍拍拍螢幕，換下一張。到最後，我帶著三、四個頗有天份的徒弟，跟我一起模仿一段紐西蘭原住民毛利人的戰舞。」(沃思禮，日記)

運動後歸來的柯拉克
柯拉克帶著滑雪板，
準備進入主艙門。

地方。

　　氣象學家赫胥(Leonard Hussey)彈得一手高明的斑鳩琴，人緣又好，常常領著眾人在晚間舉辦歌詠會，自娛娛人。賀理偶爾會放些幻燈片，讓大家欣賞他過去跟隨莫森博士探險所攝得的冰雪景觀，或是他在爪哇拍下的陽光與當地植被的照片。在大多數人回舖就寢後，原本排定單獨輪值的守夜人，卻常在三五好友的陪伴下，享受熱巧克力和沙丁魚三明治等消夜；後來大家把這些在夜裡不請自來的客人稱為「好兄弟」(ghosts)。

　　5月1日，太陽消失得無影無蹤，要再過四個月陽光才會再度出現。活動倍受限制。在薄弱的光線中指揮雪橇行進十分困難，但訓練雪橇犬的活動沒有停；不過目前不鼓勵隊員下船從事離船太遠的活動。各種消遣活動紛紛因應而生：賀理和赫胥成了勢均力敵的西洋棋友，享受棋戲所帶來的腦力激盪。水手則在艏樓裡玩撲克牌和跳棋。船上的書籍一本本經過眾人的詳讀和熱烈討論；有一陣子，麗緻盛行猜謎遊戲。5月下旬，大家終於向冬天投降，發了瘋似的相約把頭髮理個精光，在歡鬧中擺姿勢，讓賀理用照片為這一刻留下永恆的見證。

　　然而，不見陽光的冬日也曾出現許多令人感嘆的美景，提振了士氣，也讓某些人想起自己千里迢迢來到這酷寒世界是為了什麼。稀微的日光與

1915年仲冬，
麗緻的晨間時光
左後方，白博洛扛著
一大塊冰準備融化成水。
右邊，科學家專心工作。

赫胥與賀理沈浸在友誼賽中
「赫胥和我值夜，
在夜裡下西洋棋下得入迷。
我們都熱愛下棋，
這可以刺激
平時停滯不用的思考能力。」
(賀理，日記)

皎潔的月光融成奇異的組合，投映在凍結的冰海，明亮得不可思議。清朗的夜裡，繁星在漆黑的夜空中閃爍生輝，遠方微弱的南極光更爲地平線盡頭增添幾抹色彩。賀理曾在日記裡以欣喜的文字描述他在晚上駕著雪橇歸來，有如一路駛向明月。

從眾人的日記中看得出來，隊員大致上滿意眼前的生活，只不過滿意的程度不同而已。雖然有時日記裡會出現抱怨，也看得出眾人因朝夕比鄰而居產生了緊張，但並未因此造成任何真正的摩擦。

「各人興趣大不同，有人個性鮮明獨特，大家的出身背景也相差甚遠，但我們還能和諧共處，」在乎階級差異的李思在日記裡如此寫著。然而，他接下來寫道：「沒有必要和自己的伙伴起任何爭執。紳士之間應該避免也可以避免爭執，所以，在這裡也該這樣。」這段話說來算是分外寬厚，因爲就在李思寫下這段感想的不久之前，赫胥和賀理兩人聯手，趁李思熟睡時把扁豆倒進他張得大大的嘴裡，想藉此止住他的鼾聲。

「堅忍號」上的平靜氣氛並非僥倖，該歸功於薛克頓當初挑選隊員的眼光獨到。詹姆士當初面試時，薛克頓並不問他能不能勝任大型極地探險的任務，也不問他科學研究成果的細節，只問他會不會唱歌，讓他一時眞是丈二金剛摸不著頭腦。

薛克頓向詹姆士解釋：「我說的不是像卡羅素那種聲樂唱法，但要你扯開嗓子和大夥兒嚷上幾句，應該沒問題吧？」由後來的演變看來，薛克頓這個問題問得可眞好。薛克頓挑人時，不看文件或文憑，而是看各人處事的「態度」。

薛克頓的參與使得船上的每個活動都增色不少。他隨時願意加入活動與眾人同樂：大夥兒剃光頭，他也跟著把頭髮剃個精光；歌詠會裡，他興高采烈唱得荒腔走板。

眼前有這麼多的問題要衡量、要計畫，他心中的焦慮可想而知，但思考這些問題不需要與外界隔絕。他總是和眾人同進退，而且大家都能感受到他興致勃勃──光這一點就足以說明，爲何在動彈不得的處境下，大家還能在「堅忍號」上感到充滿安全感。

薛克頓不喜歡設下不必要的規章，但船上大小事全在他掌握中，任何事的進行必須先獲得他的同意。大家都知道他行事公平，因此他下達的命令大家都遵行，這並不單純是下屬聽命辦事而已，更大的原因是他的指示合理，大家心服口服。他格外關照那些住在艙艛的水手。這在他分發多衣時就表現得清清楚楚。發派多裝時，水手優先，遠在軍官、船副與登陸小隊之前：「如果有誰的裝備不夠，那決不會是水手，」沃思禮船長寫道。

郝華特和貝威爾只是地位低下的一等水手，卻熱愛閱讀。他們最期待在讀了船上圖書室的豐富藏書後，與薛克頓一對一討論讀書心得。偷偷藏

在櫃子裡跟上船的白博洛，奉命必須拾起中輟的學業，薛克頓把教導這個聰明又認真的年輕人當作自己的責任。平易近人如此，但必要時，薛克頓的統御性格也讓他能夠迎頭面對桀驁不馴的頑劣份子。老資格的水手文森過去在拖網漁船上工作，自命不凡；他的體格比船上其他水手都高大壯碩，是個十足的惡霸。水手群派了代表向薛克頓報告，說在文森手下受到惡劣的待遇。「老闆」薛克頓聞言，派人把文森召入他的艙房裡。文森離開薛克頓艙房時全身發抖，還被薛克頓降了職級，從此不敢再惹麻煩。薛克頓面對文森時，並不認為需要找幫手在旁。換成其他手腕略遜一籌的人來處理這個問題，可能就會把場面弄得雞飛狗跳。

據大副葛士奇描述：「他有辦法擺出一副不屑的神情，讓你不知所措。他也把話說得很重，但我想他的表情是主要的關鍵。」

薛克頓看人最注重一個人的樂觀程度。他說過：「樂觀，是真正的道德勇氣。」對於天生不知樂觀為何物的人，薛克頓完全不掩飾自己的輕蔑——可憐的李思就因此被他看不起。李思大概也是全隊人緣最差的人：他不但勢利，也最常在苦差事臨頭時設法開溜。但最令薛克頓不高興的倒不是這些缺點，而是李思完全不隱藏自己對糧食與補給的焦慮。李思擔任倉管員，負責分配與盤點用度開銷。他工作雖然做得很好，卻因為喜歡私藏零星物品供一己私用而蒙上了污點。

薛克頓認為，李思近乎囤積的作法代表不健康的悲觀心態，表示他對於未來能取得食糧沒有信心。因為這樣，儘管李思衷心佩服薛克頓的領導，薛克頓卻始終藐視李思。

不過，薛克頓天生不是會記仇的人。後來李思在冬末因鏟雪(麥尼旭在日記裡很不高興記道：「這是他自離開倫敦以來頭一回認真工作。」)傷了背部，不得不臥床靜養，薛克頓把他安置在薛克頓自己的艙房內，不時探視他，時而送杯熱茶給他。

李思在日記裡寫得滿腹委屈：「起初躺在舖位上，幾乎整天處於黑暗中，沒有人理睬……」真是孤獨人的心聲。有人在日記裡寫道，薛克頓發現李思除了背傷，神情也鬱鬱寡歡，因此二話不說，把他遷到自己房中照顧，為他打氣，不讓他繼續躺在舖上自怨自憐，也一掃同伴懷疑李思藉故偷懶的風言風語——薛克頓可以為一個自己明明不欣賞的屬下做到這些。

遠征隊的副指揮懷爾德是大家的另一精神支柱。全隊上下沒有人對

詹姆士

「物理學家詹姆士老埋首於磁性觀察和掩星學的工作中……我們對他那些不可思議的電器設備是一竅不通，我們常開玩笑說其實他也差不多，惹得他非常生氣。」(麥克林，日記)

**沃思禮和詹姆士
在冬天進行觀測**
「沃思禮和詹姆士架設起
一個很大的望遠鏡，
藉由在某時刻
觀測到某些星體的掩蔽，
進而推算出正確的時間。」
(麥克林，日記)

他有任何不滿。李思在日記裡寫：
「他有著罕見的老練和令人心悅臣服
的技巧。他就是有辦法，話都不多說
一句，就能讓眾人聽命行事……即使
發號施令也總是客客氣氣。」懷爾德
和薛克頓同為四十歲。懷爾德生於約
克郡，父親是中學教師，曾號稱自己
是偉大的庫克船長的直系後裔。懷爾
德在加入「發現號」遠征隊前，先後
服役於英國商船隊和英國皇家海軍。

他後來婉拒了史考特請他加入「新地
號」的邀約，決定隨莫森博士的澳大
利亞南極探險隊共創新紀錄。懷爾德
行事素來有條不紊，對人態度謙遜。
船上要是有諸如「生物學家柯拉克不
夠禮貌」、「馬思頓恃強凌弱」之類
的瑣碎抱怨，一定都找懷爾德告狀。
懷爾德總是認真聽取每個人的牢騷，
表示完全能理解問題根源，即使他沒
有實際採取任何行動，前來訴苦的人
還是會覺得正義已經得到伸張。懷爾
德對薛克頓一片赤誠，兩人共同管理
出一支效率超高的隊伍。

　　儘管大家想盡辦法找各式娛樂來
消磨時間，但隨船科學家依然覺得時
間過得太慢。地理學家沃迪和磁學物
理學家詹姆士 (Regina Jimmy James)
早在讀劍橋大學時便已熟識。詹姆士
認真而含蓄，是典型的書呆子，對自
己專精的領域熱衷投入，但一碰上研
究以外的大小事就手足無措。詹姆士
的父親是倫敦的雨傘製造商，但詹姆
士一直過著與外界隔絕的學院生活。
為了這次的遠征，他放棄了人人稱羨
的大學教職 (他那用冰磚砌起的物理
研究室被水手戲稱為「物理廬」)。
詹姆士只要談起汽化、氣壓和大氣奇
觀之類的話題就熱烈異常，健談無
比，葛士奇和哈德森常常故意引得他
滔滔不絕聊開來，但最後兩人接二連
三的玩笑問題讓他只好噤聲。不過誰
也沒想到，演起船上盛行的滑稽諷刺
短劇來，詹姆士竟是最佳演員之一。

　　沃迪來自蘇格蘭格拉斯哥，在隊
上人緣很好。眾人都很喜歡他冷面笑

沃 迪（左）

「『馬師』是來自格拉斯哥的
另一個蘇格蘭人……
帶他上船繞一圈，
他馬上變成人緣最好的人之一。
這樣的人不會搞什麼小團體。」
（李思，日記）

柯拉克（右）

「有天我們看到一群
長得很怪的企鵝……
柯拉克興奮得發狂，
或者這麼說，他表現出了一個
陰沈的蘇格蘭亞伯丁人
所能表現的最大喜悅。」
（麥克林，日記）

赫胥（左）

「赫胥總是閒閒沒事做，
因為他的夜間觀測
都有值夜人代勞；
但若真要叫他出來
而他不想出來時，
他就會託辭說他
工作壓力沈重，不克分身。」
（麥克林，日記）

麥克林（右）

麥克林忠心又值得信賴，
是跨越南極大陸小隊中
唯一的南極「菜鳥」。

一名隊員勘查船外的冰穴
這人很可能是柯拉克。
在「堅忍號」受冰封期間，
他用流網收集
生物標本的工作不曾間斷。

由於他在此地發揮不了地理學方面的專長，因此把研究焦點轉爲冰河。

生物學家柯拉克沈默寡言，個性冷峻；即使從賀理所拍攝的相片中都可以明顯看出他的自制與持重。他行事認眞，體格強健，而且常自告奮勇接下鏟煤之類的苦差事，因此贏得了全船上下的尊重；此外，他足球也踢得很好。從船離開英國的那一刻起，柯拉克架設拖網撈取生物樣本的工作就沒停過。即使在冰上，他也繼續堅持在科學研究上的任務。他成天不是在剝企鵝皮就是在解剖企鵝，引得水手間議論紛紛，以爲這群科學家的眞正意圖是要在企鵝的胃裡找黃金。

氣象學家赫胥是不折不扣的倫敦人，船友常謔稱他是「倫敦佬」。赫胥擁有倫敦大學的學位，在加入遠征隊以前是在非洲蘇丹進行考古學研究。薛克頓說他之所以看中赫胥，就是因爲他覺得赫胥從炎熱的非洲中部轉換到酷寒的南極洲，兩個環境間難以想像的變化相當有趣。跟其他的科學家比起來，赫胥對科學研究的熱衷程度似乎略遜一籌。

「氣候的變幻無常弄得赫胥不知所措，」李思在日記裡寫下他的觀察，「他每次預測天氣會如此如此，天氣就偏和他大唱反調。」

麥克林和麥凱洛伊（James McIlroy)兩位船醫爲了照顧雪橇犬而忙得不可開交：他們都被指派爲雪橇小隊的駕駛人，還要照顧飽受寄生蟲感染之苦的犬隻。麥克林是蘇格蘭人，父親是來自英格蘭本島西南方錫

匠式的幽默，也能接受他無傷大雅的捉弄。他在劍橋時就下定決心要加入「堅忍號」行列。他和史考特船長的遺孀共進晚餐時，精明厲害的史考特夫人「一再試圖勸阻所有候選人打消加入薛克頓遠征隊的念頭」，但沃迪不爲所動。沃迪覺得，這大概是「南極探險的最後一個大型遠征活動」。

造訪守夜人
守夜人的職責,包括要為麗緻、上甲板軍官起居室、艙艛和薛克頓艙房內的火爐添加柴火,
還要注意岸上的犬隻以防牠們隨冰漂流。
守夜人最重要的職責在於注意浮冰有無發生變化。

艏艛一瞥
在後方撥弄四弦琴的
應該是郝華特，旁爲史帝芬生；
圍桌而坐的人由左至右分別是：
賀尼士、文森、
白博洛、麥里奧。

利群島 (Scilly Isles) 的醫生，童年時光大多在划著小船遊覽各島。麥克林有時脾氣急躁了點，但通常說話輕聲細語，而且工作十分認眞；他也是全船公認橄欖球玩得頂尖的幾人之一。麥凱洛伊年約三十五歲，相貌英俊，善於嘲諷，多年來藉行醫之便，周遊埃及、馬來半島和日本等國，又曾在東印度群島蒸汽渡輪上擔任船醫。麥凱洛伊是北愛爾蘭人 (全隊有三分之一的成員是蘇格蘭人和愛爾蘭人)，有時他展現的幽默帶著幾許的刻薄與毒辣。他最爲人稱道的表演之一，是模仿李思對薛克頓的過度崇敬。李思自己看過表演後有此記載：

麥凱洛伊 (用最肉麻的方式四處走動) 說：「是，大人，一定遵命。沙丁魚嗎，大人？立刻就來。(跳到食品室再跳回來)麵包？噢，您吃沙丁魚當然要配麵包。我把守夜人的麵包拿給您。」(又蹦到食品室去，而且更卑躬屈膝，更肉麻。)「大人，我可以幫您擦靴子嗎……」

睡在艏艛裡的水手，多半時候都賴在床上。

「以睡覺來消磨時間，大概是他們最在行的工作。他們似乎沒想過該找點正事來做。」李思在日記裡表示不以爲然。按照現在的作息，水手群不須輪値守夜，他們雖然還是得整理自己的舖位艙房，卻不必到麗緻幫忙。薛克頓格外照顧這群水手，不希望有任何因素導致他們感到不滿。但仍有蛛絲馬跡顯示水手可能會惹事，特別是因爲餐點的內容而出事。這時

候，海豹和企鵝肉已經成為軍官起居室餐桌上常見的菜餚，但這道菜常引起水手群的不滿，因為有些水手認為，比起昂貴的罐頭肉來，讓大家吃海豹肉是「遠征隊管理上——的低賤作法。」薛克頓對水手百般照顧，但他在這個問題上的遷就有個限度。有天下午，薛克頓接到來自艏艛的報告，說有名水手覺得今天的蕃茄醬義大利麵不合他胃口。薛克頓要傳話的人回去告訴那水手，他自己從小所受的家教是：餐盤裡有什麼就吃什麼。

輪機員李金森 (Louis Rickinson) 和科爾 (Alfred Kerr) 個性恬靜，為人謙虛，所以船友對兩人的認識並不深，但眾人都很敬佩他們的效率和整潔的習性。李金森當時三十多歲，對維修內燃機有很豐富的經驗，但他怕冷的程度也是眾所皆知。科爾才二十出頭，曾經在大型蒸汽油輪上工作。

在「堅忍號」動彈不得的情況下，遠征隊裡最沒事可做的就是原先負責讓船向前航行的三個人。沃思禮如今等於是個沒了船的船長。他來自受過教育的家庭，父母從英國渡海到紐西蘭定居，父親唸過大學。沃思禮自小過著拓荒者般粗獷的曠野生活，十六歲時跟隨兄長上了剪羊毛的船，在船上當學徒。在商船隊服務多年後，他最後搬到英國，加入了英國皇家海軍後備隊。沃思禮生性桀驁不馴，好動沒個定性，頗像那些野性未馴的雪橇犬。薛克頓後來之所以修正北返過多計畫，有部份原因在於他不放心沃思禮，不確定沃思禮能夠在沒

有人監督的情況下，安全無恙在來年春天把「堅忍號」帶來與登陸小隊相會。說起來，隊中也少有人能像沃思禮這樣，在層出不窮的困境中依然衷心享受每一刻。他老說自己的艙房太悶熱，寧可睡在氣溫零度的船艙過道；他喜歡以在冰上洗「雪澡」來讓同伴大吃一驚。他的日記寫滿了逸事趣聞，特別喜歡記載生活中有趣的對

沃思禮船長

「船長的奇想，包括很想在沿途停靠的每個港口大聲宣布：這是『薛克頓爵士的堅忍號，正要到南極進行發現之旅』。」他老說船艙太悶熱，非要睡在外面的通道上不可，而且他說到做到；儘管行事稍嫌古怪，但他頭腦非常『靈光』。」（李思，日記）

1915年1月12日，
南緯 74 度 45 分，
西經 22 度 33 分
哈德森捉到的帝王企鵝雛鳥
領航員哈德森
是出了名的捕企鵝高手。

廚師在船上廚房剝企鵝皮
在「堅忍號」上，
葛霖每天的工作從清晨開始，
要到晚餐後才告一段落。
身為糕點師傅之子的葛霖，
每天要烤十二條麵包
供眾人食用，
此外還要把大夥兒
在冰上捉到的獵物剝皮，
然後下鍋。

話和對美景的描述。沃思禮和薛克頓一樣，充滿浪漫情懷，夢想著能找到前人所埋藏的寶藏，踏上不可能完成的旅程。雖然腦中的想法如此不切實際，不過就技術來說，沃思禮的確是個專業的航海人。他在搬到英國之前，曾在紐西蘭政府蒸汽船隊服務多年，其中大部分時間都在太平洋中航行，因而學會了駕駛小型船隻在大浪中穿梭的技術。

年輕的葛士奇原先在商船隊擔任船副，趁著航行任務交替的空檔，在「堅忍號」駛離普利茅斯的前一天才報名，因為原先的大副臨時退出，改投戰場。葛士奇的父親是位受人敬重的船長，隸屬紐西蘭船運公司。葛士奇的觀察敏銳，思慮縝密嚴謹，工作認真；他選擇與沈默寡言的柯拉克和具有強烈優越感的賀理同寢室。

領航員哈德森是牧師之子，家教良好，而在倫敦東區環境不太好的街區長大。哈德森十四歲離開了「虔敬木匠公會」(Worshipful Company of Carpenters) 興辦的學校，在英國領港協會 (Trinity House) 見習。加入「堅忍號」之前，他的職級是商船隊的大副。在「堅忍號」上，他一直用功準備參加商船船長的資格考。在船友眼中，哈德森的心地非常善良，而且不自私，但有時帶點「瘋顛」。

李思在日記裡寫著：「大家永遠搞不清楚，他到底是處於精神崩潰的邊緣，或只是在滔滔不絕表達被壓抑的才學。」在航程初期的一次化妝派對中，哈德森曾身披床單，頭頂茶壺蓋，這個扮相從此為他贏得「佛祖」的外號。此外，哈德森也是為船上加菜的捉企鵝高手。

遠征的行程受阻，船上仍有人一刻也不得閒。廚師葛霖 (Charles Green) 與侍童白博洛兩人從早忙到

晚，準備全隊二十八人的三餐。葛霖的父親是糕點名廚，葛霖卻未承繼父業，而在二十一歲離家上船，在英國商船隊中擔任廚師。世界大戰爆發時，他加入了皇家郵件運輸輪，當薛克頓在布宜諾斯艾利斯更換船員時，葛霖所屬的船正好停靠在布港。葛霖聽說「堅忍號」上的廚師被解僱，立刻報名應徵；事實上他和「堅忍號」不算全然陌生，因為他以前曾在義大利的薩丁尼亞 (Sardinia) 見過沃思禮一次。

白博洛則在威爾斯的新港 (Newport) 長大，在九個子女的家裡排行老大。他從小在鎮上的碼頭邊玩耍，家人都以討海為業。有船友覺得，白博洛直話直說，這表示在他和善又好相處的態度下藏著一絲硬脾氣。白博洛也是隊中最年輕的成員，上船時只有二十歲。

木匠「師傅」麥尼旭也沒閒著。麥尼旭不是一般的木匠，他的匠心巧藝證明他是個硬底子的匠人與造船工。每天不是看到他在做新東西，就是在修改木製品；牌桌、抽屜櫃、狗籠、甲板，在他手裡一一成形。

根據室友麥克林的描述：「他的作品件件一流。」誰也沒看過麥尼旭丈量尺寸大小：他只稍微用眼睛打量新派到的工作，就到一旁切鋸木材動工，但一待成品完工，大小絕對完全吻合。即使是非常討厭他的李思，也承認麥尼旭是「木製船的專家」。不是船副或軍官，也不是隨隊科學家，但受人敬重的麥尼旭仍被視為艉甲板

的一員。因此，他並不與水手同住於艏艛的艙房，而住在已遷往麗緻的軍官起居室。對於愛挑剔的李思而言，和如此粗俗不文的人同桌吃飯，有如苦修。(「說到用餐刀鏟起豆子的雜技，他絕對是專家。」) 但其實麥尼旭對於包括李思在內的登陸小隊諸君的行止自有一套看法，要是讓李思知道了，他必定大吃一驚。麥尼旭在日記裡表示：「我曾經和各式各樣的人

賀理

「我們的攝影師賀理是個有趣的人物。他是澳洲人，澳洲性格非常強烈，前次他跟過莫森博士到阿德里領地 (Adelie Land) 的澳洲南極遠征隊，是隨隊攝影師。就攝影專業來說，他的作品出群拔類，我認為大概連龐亭都無法和他相提並論。」
(李思，日記)

同船。帆船也好,蒸氣船也罷,卻從
沒見過有人像登陸小隊隊員這般,用
最醜齪的語言來表達彼此間的親暱,
最糟的是大家竟然都默許這種行為繼
續。」又有誰想得到,一個因心直口
快而差不多觸怒過所有人的老水手會
有此觀感。麥尼旭和沃思禮船長之
間,實在也缺乏和諧的氣氛;麥尼旭
公然表明他瞧不起沃思禮活蹦亂跳又
不定性的作風。只不過,在1915年冬
季剛駕臨的幾個月裡,遠征隊裡還沒
有人料得到,往後竟會有這麼一天,
全隊上下的命運都必須交付給不受人
管教的船長和魯莽粗野的木匠「師
傅」,倚賴這兩人各自具備的技巧。

對於攝影師賀理來說,他的工作
也絲毫不因計畫改變而受影響。賀理

本身的手藝靈巧,自願承擔各種雜
活,讓自己忙個不停:他曾做出用來
為海豹肉退冰的「化冰箱」,非常實
用,也為麗緻各個隔間彫刻門牌。此
外,過去在雪梨郵局當臨時電工的經
驗,使他有能力操作「堅忍號」的發
電機。不過,攝影工作依然是他最投
入的事。打從初入浮冰群開始,不論
是船的桅杆與流冰相對照,或是桅
杆、帆桁和浮冰間水道所結合成的十
字,賀理所捕捉的畫面有的抽象,有
的構圖大膽,張張使觀賞者萬分讚
嘆。從這些照片可知,賀理陶醉於以
整片雪白的南極大陸為畫布,在其上
盡情呈現「堅忍號」的清晰線條。

沃思禮在1月下旬的日記裡寫
道:「賀理是個奇才。他帶著典型澳

賀理高高在桅上,薛克頓在甲板

「賀理操作著照相機和電影攝影機忙個不停。他……把攝影器材固定在頂桅帆桁的最末端,想要拍攝密集海冰的全景。」
(麥克林,日記)

賀理和他的攝影機

自從「堅忍號」被流冰群冰封起，賀理便轉移了鏡頭的焦點：船上眾人的日常生活是拍攝重心之一，另一大重心則在於封凍冰中的「堅忍號」與四周堅冰所形成的多變且難得的影像。賀理的攝影工作不分日夜，有時甚至特地夜半起身拍照。他對極地光線之豐富與千變萬化有敏銳的感受，時常因天空、冰群和光影交織而成的壯觀景象而欣喜萬分。

寒冷的低溫使得攝影工作倍加困難。為了避免攝影機由船外的低溫環境進入溫暖的室內時出現冷凝的水珠，賀理特地在甲板上做了個置物櫃，安放攝影器材，以保持恆溫。

賀理在日記裡寫道：「但是，我的器材每次使用後都必須要細加照顧，要上油、防鏽等等。電影攝影機更需格外用心照料。底片變得非常脆弱易損。」

同樣的，沖洗的工作也是在不盡如人意的情況下進行。

他在寒冬末時在日記裡記錄：「低溫使得暗房作業不易，外面的氣溫只有 (華氏) 零下13度。暗房位於船尾，機艙靠著汽化煤油爐，使氣溫維持在冰點以上……沖洗 (感光版) 非常麻煩，因為沖洗槽必須保持一定的溫度，否則萬一沖洗槽結冰，就會把片版凍住。換過了幾次水後，我把它們放在薛克頓爵士艙房裡的架上晾乾，因為那裡溫度十分穩定。曬乾的感光版一張一張辨認，然後編入索引。沖洗顯影的過程讓手指吃不消，因為指甲周圍的龜裂十分疼痛。」除

洲人天不怕地不怕的個性獨自四處晃蕩，跑到足跡能至的最艱險和最濕滑的所在取景。果真讓他拍下一兩張好照片，他反倒以連串粗話來表達喜悅。在眾人冷得戴上帽子和手套遮風避寒的地方，只見他赤著雙手，頭髮隨風翻飛，嘴裡不時蹦出髒話，憑著他銳利的洞察力捕捉美景，化剎那為永恆。」

1915年4月4日，在流冰群中

「3日的晚上，我們聽到東邊傳來冰群摩擦發出的聲響，早晨看到幾塊新結成的浮冰被撐起了8至10呎高。
這是浮冰在接下來的幾個月對我們足以形成威脅前的第一個警訊。」

(薛克頓，《南行》)

此之外，他只是寫著「很難取得足夠的沖洗用水」，語氣平淡。當然，船上所有的用水都是融化冰塊而來的。

4月，套用薛克頓的話，「並非平靜無波」。曾經有兩次，船四周的浮冰低吟，喫嚙著船身，使得「堅忍號」輕輕顫抖。這是遠征隊頭一次察覺到浮冰所隱藏的致命威力。

4月30日，難得一見的景觀為眾人帶來一番消遣。那天，薛克頓和沃思禮剛檢視過李思負責照顧的機動雪橇，兩人在休息時不知怎的，竟然隨著水手用口哨吹出的〈警員假期〉(The Policeman's Holiday) 旋律，在冰上正經八百跳起華爾滋。李思對這段難得的插曲有相當深刻的感受。

李思描述這位知名極地探險家溫文儒雅的旋轉舞步：「這就是薛克頓只爵士。他總是能藏住煩憂，讓人看到他無畏無懼的一面。對於我們這一群心情低落的探險隊員來說，他不曾減少半分的愉悅，這是意義重大的事。我們都知道，目前的狀況對他來說無非是重挫。他必定萬分失望，但他的風趣幽默絲毫不減，不因此顯出半點沮喪。他是當今世上最偉大的樂觀派之一……他就像職業拳擊手跨進賽場一樣，隨時鬥志高昂。」

南極的6月是全年中最黑暗的時刻。除了月光和每天中午那一、兩個小時的微弱曙光以外，極地就陷入一片黑暗。氣溫低到華氏零下20度 (約攝氏零下29度)，往往一夜過去，浮

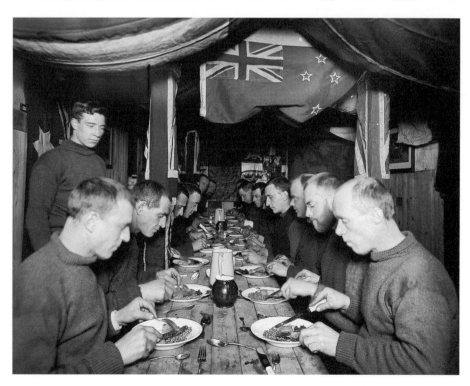

1915年6月22日，
冬至盛宴
「六點整吃晚餐，有烤豬、燉蘋果和罐頭豆子，配梅子口味布丁。」
(麥尼旭，日記)

冰之間出現的水道就被六吋厚的堅冰給封住了。

6月9日，一片漆黑死寂，流冰群之間集結醞釀的高壓爆發。就在船前方五百多碼處，大塊的巨冰擠壓，冰塊間傳出陣陣的哀號與呻吟，又不時發出有如遠方砲火般的沈沈悶響。船上派出幾個人，在手電筒的指引下，四出觀察浮冰高壓的威力。只見一塊塊幾噸重的巨冰雜亂交疊，高度達15呎（約4.5公尺）。高壓冰的咆哮持續到6月12日，天氣變得更加陰沈，使得外出短程活動變得格外困難。

6月15日，一切又回復平靜。眾人說定，隔天要舉行雪橇犬小隊競賽。在高壓冰一回又一回不懷好意的擠壓後，這場純屬娛樂的大賽不啻為轉換心情的妙方。微光中，一盞盞防風燈照亮了跑道，薛克頓親自在起跑線上發令。薛克頓讓全體放假一天。幾個一級水手為了助興，特地打扮成「組頭」出現，但賀理在日記裡表示：「他們的裝扮看起來有點『不雅』，反正我們不接受他們下的賭注。」在眾人手帕亂舞，陣陣帶著鼓勵意味的歡呼下，競賽開始。比賽的跑道全長700碼（約640公尺），懷爾德的小隊以兩分十六秒的時間跑完而獲勝。

過沒幾天，眾人再度歡欣迎接另一個節日到來。6月22日，冬至，以豐盛的晚餐與餐後娛樂活動慶祝。賀理搭起小舞臺，用旗幟佈置裝飾，又用乙炔燈充當舞臺燈。「死水潭大樂團」表演了「不和諧的四半音狂想曲」，由此揭開晚會序曲，詹姆士模仿德國哲學家叔本華，扮作「叔本棒教授」發表「論卡洛里」，是晚上最成功的表演。

沃思禮在日記裡表示欣賞：「非常詼諧，卻很難理解。」午夜過後，眾人齊唱「天佑吾王」，互祝平安。

賀理在日記裡感慨：「麗緻洋溢著溫馨與舒適，令人難以想像現在還受困於堅凍的流冰中，在威德爾海域飄盪。」他接下來寫道：「我常想，不知我們最後的下場如何。」他的日記隱約顯示，即使遠方冰塊推擠不斷，所發出的吱嘎聲與隆隆聲透過冷冽的空氣傳入眾人耳裡，遠征隊仍然遲遲不討論未來可能發生的狀況。

6月底。自受困以來，已漂流了約670哩（約1072公里）。每多漂流一哩，就多接近流冰群外的大洋一分，脫困的希望也就濃一些。大家感覺得到，日光逐漸增加，即將要告別永夜的日子。由於光線充足，駕馭犬隻運動的工作更容易進行。在此同時，歌詠會與幻燈片會仍是眾人的主要娛樂。

幾天的平靜之後，強風在7月12日颳起，隔天演變成風狂雪急。受四周堅冰的擠壓，「堅忍號」一陣又一陣的顫抖。懷爾德和沃思禮聯袂來到薛克頓的艙房開會。

沃思禮回憶：「狂風在纜索間呼嘯。我忍不住想，這聲音就像人在即將被殺害之際，自喉間擠出的聲響。」在狂風間歇的片刻裡，薛克頓房裡的三個人聽著堅冰磨擦船側的聲

「堅忍號」成員

「船的龍骨被凍在冰中，
且沒辦法清除四周的堅冰，
但目前一切平靜，
我們又被浮冰封住，
但浮冰四周有許多裂縫。
星期三，
賀理為全隊照團體照。」
(麥尼旭，日記)

音。這時薛克頓才打破沈默，把他幾個月前就已經知道的事實告訴在座的兩人。「船長，這樣下去不是辦法。」在小小艙房內來回踱步的薛克頓停下來說：「你要趕快做決定。這艘船也許還可以撐幾個月，也可能只有幾星期，甚至幾天，只是時間早晚的問題罷了。……凡是被寒冰奪走的，就再也要不回來。」

沃思禮在日記裡表示，聽了薛克頓的話，他覺得心灰意冷，但心中猶抱幾分懷疑。只不過，從沃思禮往後幾個月的日記中一時還看不出來，沃思禮是否當真認為這艘船難逃厄運。畢竟，沃思禮比薛克頓更是樂觀得無可救藥。

然而，薛克頓心知肚明。而只要是薛克頓認定的事，懷爾德絕對深信不疑。三個人散會後，一切活動照常，討論內容半點也不對其他人洩露。

賀理在隔天的日記裡寫道：「今天冷透了，而且眾人接到指示，不得離船活動。我們卻一點也不覺得難過。『麗緻』裡面的溫馨氣氛實在太令人陶醉了。」

然而，住在麗緻另一端的麥尼旭，卻在日記裡表達了迥異的看法。這位經驗豐富的老討海人寫道：「大概是昨夜或今天凌晨，船身微微震動。至少聽起來，從船尾底部發出類似浮冰裂開的聲音。我跳上甲板，但找不出聲響的源頭。老闆認為是鯨魚游過，我不這麼想。」

1915年8月1日，晚冬
「我們的處境岌岌可危，巨大的冰塊起伏推擠，迫不及待想要把所蘊涵的力量投擲在我們船身上。」
(賀理，日記)

早春，新水道上滿佈著冰花
「早上帶著彩色照相機到水道邊，美麗的景象與昨日相似而更動人，
或許是因爲水道上冰花盛開，在晨光映照下，宛如一片粉紅色的康乃馨花海。」
(賀理，日記)

陽光重回大地
「白霜徹夜不止，纜索裝備外覆著厚冰，有些纜索結冰直徑達三吋後，但是景致相當美麗。」

7月21日，流冰群間隱伏的高壓蠢蠢欲動，薛克頓下令清理各層甲板，以防萬一浮冰碎裂時還能安頓屆時將遷上船的雪橇犬。同時，當晚排班輪值，每人各一小時。

翌日早晨，沃思禮衝入麗緻，告訴大家浮冰在船前方30碼 (約27公尺) 處出現裂縫。眾人連忙穿上防風衣戴上頭罩，衝到外面去。船身左舷前方三百多公尺外，龐大的冰塊在巨大壓力的擺弄下，像方糖一般堆疊。大家立刻把擱置在浮冰上的雪橇送上船。當晚，薛克頓、懷爾德和沃思禮各輪值四小時守夜。這幾天以來，薛克頓睡得很少，只能利用每天下午補眠大約三小時。

接下來的幾天，眾人把緊急口糧堆在雪橇上備用。8月1日，巨大浮冰塊被一波高壓推擠得起落不定，眾人連忙把雪橇犬帶上船。過了沒多久，在巨冰交錯起伏之間，原先搭建在冰上的狗廬頓時粉碎。眾人費了九牛二虎之力才把卡在船舵下的一大塊冰移開，但這已經對船舵造成了傷害。

風力逐漸升高，「堅忍號」有如巨大冰掌中的玩具，在高壓冰的推弄下，一會兒被壓得倒向左舷，忽而被推著向前傾，向後搖，繼而左搖右晃。「堅忍號」無聲抵抗著接踵而來的強大外力，但一波高壓才剛止息，另一波高壓又如排山倒海般湧到，壓得船身繃緊，發生痛苦呻吟，到最後橫樑都被繃彎了。

麥尼旭在當晚的日記裡寫著：「大家都把保暖的衣物捲成一團放在身邊。我把親人的照片夾在亞麗珊卓皇后 (Queen Alexandra) 送的《聖經》裡，放進我袋中。」

「莎莉」和
「參孫」所生的小狗
由左至右：尼爾、托比、
羅傑、尼爾遜
「除了他們的『乾爹』
科林之外，小狗最喜歡
雪橇犬『阿孟森』，
總是狠心欺負牠。
常看到胖嘟嘟的小狗
霸住牠狗廬的入口不讓，
而眾狗中塊頭最大的
阿孟森，卻只是逆來順
受坐在寒冰上。」
(薛克頓，《南行》)

在互相推擠的巨型浮冰間，不時可見小塊碎冰如小蛤蜊般跳動。強風整晚不歇，到次日才停；一切回復平靜，只聽得遠處偶爾傳來一兩聲悶響。薛克頓測量後推算，三天的強風使得船隨著流冰向北漂流了73哩（約117公里）。

李思的坐骨神經痛逐漸好轉後，自動搬離薛克頓的艙房。在這段紛亂的時期內，他獨自躺在馬思頓的舖位上靜養。他在甲板艙裡傾聽巨冰推擠翻動的聲響，聆聽著守夜人在上層甲板來回踱步發出的沈重腳步聲。每當船身晃動與顫抖時，李思便不禁屏住呼吸，看「堅忍號」如何穩住。8月9日，李思臥病三週後首次下床踏上甲板，他更瘦了，體力也大不如前。

映入眼簾的變化使得李思吃驚：四周景觀徹底改變，「堅忍號」現置身於截然不同的環境中。過去熟稔的地標，如今有的位置改變，有的消失無蹤。強風硬帶著「堅忍號」穿鑿過6吋（約18公分）厚的堅冰，向前推進了100碼（約91公尺）。

他在日記裡質疑：「實在難以想像這艘小船如何在如此強大的動盪中存活。船舵受損了，船身傾側一邊；四周高大厚重的巨冰堆疊，與甲板同高。本來下船就可以直接踏上平坦的浮冰，但現在一下船，立刻深陷入冰塊與溝渠交織而成的迷宮中。」

儘管如此，「堅忍號」依然無恙，高壓逐漸止息。天氣漸漸好轉，寒冬慢慢遠離，陽光每天出現幾小時，時間慢慢增多。船上回復了過冬

以前的作息，士氣大振。科林整個冬天都在細心呵護和訓練新生小狗，這些毛茸茸的小傢伙在此時為大夥兒帶來最大的娛樂。科林第一次為牠們綁上韁繩時，只見一隻隻重達70磅（約33公斤）的小胖狗翻過身來，四腳朝天亂舞，尖聲叫個不停。

在一旁看好戲的旁觀者之一，沃思禮船長回憶：「牠們驚恐的哀號傳到幾里外。牠們走的路線彎曲又不規

帶雪橇犬出外運動
嚴重的高壓冰
迫使大家把雪橇犬
再度遷回船上，
隊員每隔兩天
便帶牠們上岸活動一次。

套上轡具

「我們使用的轡具與
阿蒙森所用的類似,
一條加了襯墊的領圈
連接著挽轡,套在狗身上,
再以腹帶固定。」
(賀理,日記)

雪橇犬隊在擠壓冰上活動。
「優秀的領隊犬會在
崎嶇難行的鄉野找到
最適合行走的路線,
不讓隊中發生爭咬相鬥,
也不容許嬉鬧……
九隻狗拖拉的雪橇
可以負重一千磅左右。」
(賀理,日記)

雪橇犬隊

「看來有支隊伍的心態大有問題,那小隊長顯然希望,在他的小隊經過時,天地屏息以待。
另外有個下流的傢伙……好意思乘坐在由這些高貴卻緊張的動物所拖拉的雪橇上,肆無忌憚叫囂。
那支雪橇隊的隊長怒沖沖責備那粗人,叫他明白,他那粗鄙的聲音為這些美麗但敏感又緊張的狗兒帶來多大的驚嚇。」

(沃思禮,日記)

夜裡看「堅忍號」

1915年8月27日：「晚上利用閃光燈拍下船受困於擠壓冰間的照片。

總共需要架設二十支閃光燈，每個突出的冰丘後各一，光是為了照亮船身就用了不下十支。

因連續拍攝而閃動的閃光使我一時眼花，看不清楚周遭，在高疊的冰丘間失去了方向感，小腿不時撞上突出的冰角，時而跌入深深的雪堆。」

(賀理，日記)

1915年9月29日，
浮冰碎裂
「我的生日。
真希望下個生日能在家過。
微風吹來，是南風，
船身前方十碼處有浮冰碎裂，
如果風向持續不變，再一陣子
就能開出一條水道。」
(麥尼旭，日記)

則……雖然每隻小狗都有一副悲哀的嗓音，但都有媲美『法斯塔夫』(譯註：Falstaff，莎翁筆下膾炙人口，身形肥胖的喜劇人物) 的大肚腩，而且步伐跟蹌，沿途喘不停，唯有在即將回頭上船的短短幾分鐘裡，才會興高采烈拖著牠們討厭死了的雪橇飛奔，速度不亞於一般的雪橇犬隊。科林預計要再訓練兩次，教導牠們練習在沒

有年長的領隊犬帶領下自己拖雪橇。過了這一關，牠們就正式從『幼犬』進階到『成犬』。

大半的8月安然度過。燦爛的日出把浮冰染得一片粉紅；放眼望去，新水道上形成的細冰晶宛若遍野的康乃馨。8月27日晚上，外面氣溫只有華氏零下24度 (約攝氏零下31度)，賀理在「堅忍號」四周的冰丘後架起二十支閃光燈拍照。

他在日記裡寫道：「因連續拍攝而閃動的閃光使我一時眼花，看不清周遭，在高疊的冰丘間失去了方向感，小腿不時撞上突出的冰角，時而跌入深深的雪堆。」吃足了苦頭，但他所捕捉到的影像震懾人心：白霜覆身的「堅忍號」有如幽靈般與堅冰搏鬥，既壯偉又脆弱。

春天的腳步漸近。眾人臆測紛紛，不知浮冰碎裂後，「堅忍號」是會立刻重返法索灣，繼續橫越南極大陸的計畫，還是會先折返北方補給食糧裝備。眾人下注預測「脫困」的日期：麥凱洛伊看準11月3日；悲觀如故的李思認為，不到2月中旬脫不了身；薛克頓則說他相信船一定可以在10月2日脫困。

8月26日夜裡，威力強猛的擠壓冰曾經凌虐船身。在接下來的幾天，高壓冰的推擠不致構成太大的威脅，但在9月2日的清晨猛襲「堅忍號」。

貝威爾回憶：「9月2日，我經歷了一輩子最驚惶的時刻。我躺在自己的舖位上，船猛然高高跳起，斜斜落下。」輪機室的鐵板扭曲，門框變

形，橫樑彎曲得好似要彈裂成兩段。彷彿承受了切膚之痛一般，「堅忍號」扭身掙扎，痛苦呻吟。

麥尼旭在日記裡寫下：「有好幾次，我們都以為撐不下去了。」他看到三吋見方的鐵板鼓起了一吋半。但是，「堅忍號」承受了高壓冰的威脅之後仍安然無恙。一星期後，麥尼旭忙著搭建舵手室，以備在下次再發生同樣情況時，掌舵的舵手可以不受四散的物件波及。在此同時，薛克頓私下計算一番，估計目前離最近的已知陸地有250哩 (約400公里) 遠，離最近的人類居住地則有500哩 (約800公里) 之遙。

遠方擠壓冰相互推撞發出的隆隆聲少有停歇，船身四周的浮冰塊也不時移動，但9月在有驚無險中過去了。遠征隊員在移動無常的流冰上踢足球，帶領雪橇犬出外運動，獵殺隨著春天返回極區的海豹。夜間降下一場小雪，「堅忍號」像全身鑲了亮片般晶瑩亮麗，四周的浮冰則如覆滿鑽石般動人閃爍。

9月20日下午，自擠壓冰發作以來，「堅忍號」遭遇到最嚴重的一次震撼，上至船桅，下至龍骨，船身兩側彷彿即將崩散般劇烈搖晃。一個小時後，高壓逐漸止息。

1915年10月3日，浮冰所積累的高壓在離船大約十公尺處爆發。「堅忍號」此時已如李思形容的，「像冰河裡的大石」，與船下的冰塊牢牢凍結在一起。眾人趁四周浮冰短暫裂開之際，聚在船邊向水下望，強烈陽光

一小時後

如聚焦般，清楚映照出水面下深達40呎 (約12公尺)，交疊凝結而成的大塊蔚藍色堅冰。縷縷霜煙自浮冰縫隙間升起，日出的光輝為流冰綴上幾抹嫣紅，乍看之下，冰面有如著火般紅豔。

10月10日，華氏29度 (約攝氏零下2度) 的高溫使得冰面融化，四處泥濘不堪。麗緻裡的居民開始打理行

「昨天下午……滿是積雪的兩
呎寬淺溝旁，出現了一條裂縫
……下午六點，新出現的裂縫
有八呎寬，到了九點突然又加
寬了兩呎……但今天下午有了
更大的變化，在兩點半到三點
半的這一個小時裡，這條新的
裂縫竟然變成一道十碼寬的水
道。」
(沃迪，日記)

接下來的幾天，薛克頓趁著浮冰
凍結得還不算嚴重，下令揚起船帆，
試圖藉風力前進，但毫無進展。10月
16日，午茶時間過後不久，船身遭受
幾次猛烈撞擊，「堅忍號」在浮冰的
推擠下慢慢升高，整個船身完全露出
冰面。就在這時候，一陣突然爆發的
壓力把「堅忍號」甩得向左舷傾倒了
三十幾度。甲板上的狗籠、雪橇犬、
雪橇，與儲備食糧一起滑過甲板，在
傾側的左舷處紊亂交錯相疊，四處不
時傳出犬隻的驚恐哀號。晚上九點左
右，高壓漸休，船身再度回復原先的
平直狀態。

10月19日，薛克頓下令把鍋爐加
滿燃料，準備好備用燃料，清除船舵
與船身四周的碎冰。麥尼旭銜命建造
一艘小型方頭平底船，作為引領「堅
忍號」通過流冰間縫隙與水道的領航
船。一整天裡，綿綿細雪時下時停；
晚上有條殺人鯨在船身附近的小塘裡
出現，從動彈不得的船上，可以清楚
看到那龐大的身軀在清澈而平靜的水
裡悠游。

往後幾天，時時傳出擠壓冰的尖
聲怒吼。根據詹姆士的形容，那聲音
像是在公園裡小坐時所聽到的倫敦車
水馬龍聲。流冰在船身四周翻攪，輪
值監視海面狀況的制度再度施行。對
「堅忍號」來說，擠壓冰的推擠和撞
擊現在聽來再稀鬆平常不過。眾人把
船外的紛擾視為家常便飯，只在最猛
烈的衝擊來臨時才會多加留意。

沃思禮表示：「就我個人而言，
我聽膩了外面傳來的聲響，因為我們

李，在13日正式搬回原來的舖位。隔
天晚上，與「堅忍號」相凍連的浮冰
突然裂開，破裂的流冰由船底向外滑
去；在受冰封九個月之後，「堅忍號」
第一次接觸到無冰的水面。在逐漸吹
起的強風推動下，「堅忍號」在狹窄
的水道中搖搖晃晃，竟也前進了100
碼 (約91公尺)。浮冰再度合攏，「堅
忍號」再一次被封困在流冰群中。

傾覆
「突然間，左舷的浮冰裂開，
大塊的流冰從左舷船腹下高高跳起。
就在短短幾秒裡，
船身向左舷傾側了三十幾度才停住。」
(薛克頓，《南行》)

「四點四十五分，
船身不斷向左舷緩緩傾倒：
輪機室傳來各種怪異的聲響，
突然間，所有不曾釘牢的
狗籠紛紛滑向
低斜的那一邊⋯⋯
船在五秒內整整傾斜了
三十度之多。
這個變化對現況毫無助益⋯⋯.
賀理立刻下船，
到浮冰上從各個角度
拍攝堅忍號。」
(沃迪，日記)

1915年10月19日，
船的左舷
圖中可見薛克頓倚在船舷。
他把這張照片稱為
「結局的開始」
("The Beginning of the End")。

束手無策。」因缺乏運動而毛毛燥躁的雪橇犬隨著擠壓冰傳來的不祥聲響，發出陣陣的嗚咽與哀號。

李思在10月23日的日記裡記道：「浮冰又裂開了一個小縫，真感謝老天。看起來似乎又有好轉的希望。」用過晚餐的醃牛肉、紅蘿蔔、馬鈴薯泥和甜點葡萄乾夾心餅後，眾人依照每週六的慣例，舉杯向「情婦與老婆」致敬。這時候的極地地區每天有二十二個小時看得到陽光。

10月24日星期日，大家看著受高壓擠壓的流冰在海上跳動，整天無事可做。晚餐後，李思才剛剛在留聲機上放下唱片，就來了一陣如地震般的猛烈撼動，船身顫抖，向右舷傾側了

八度。大夥兒把音樂聽完，走上甲板，像李思說的「去看看有沒有什麼不尋常的狀況」。他們看到薛克頓神情凝重站在冰上檢視船的艉柱：三大片冰脊包夾住船首和兩側，船在冰脊交互的強烈衝擊中翻騰扭曲，艉柱被扭扯得幾乎要完全脫離，船身開始猛大量進水。

薛克頓立刻下令輪機室升高蒸汽壓力，供抽水機運作。眼看著船內進水節節升高，輪機員李金森和科爾急急添加煤炭、獸脂和木柴等燃料，只求能在進水打濕爐火之前趕快把蒸汽壓力增高到相當的程度。不到兩個小時，抽水機開始運轉，但他們很快就發現，抽水機的運轉根本趕不上海水

湧入的速度。哈德森、葛士奇和沃思禮的身影消失在儲存煤炭的船艙裡，他們試圖清出被冰封了整個冬季的船腹抽水機。三個人摸黑，在艙房內鏟起已經淹沒在冰冷黑濁海水下的煤炭，終於在凌晨藉著噴燈之助達成任務。接下來的一整夜裡，眾人輪班操作抽水機抽水。

輪班操作抽水機之餘，大家下船到四周的浮冰上挖掘淺溝以應急，但於事無補。船內水聲滔滔，外加抽水機喀噠喀噠，蓋過了船身備受擠壓的吱吱嘎嘎。師傅麥尼旭心無旁騖，埋頭趕搭一道橫斷船尾的隔離艙，以控制滲水。麥尼旭徹夜蹲在及腰的水中工作。

在此同時，大夥兒奮力把糧食、衣物、雪橇設備和狗食集中在一處，準備在必要時棄船上岸。沃思禮翻遍船上圖書室的藏書，他考慮到可能無法把藏書全部帶走，便撕下必要的地圖、航海圖，甚至可能會登陸的島嶼的地圖。馬思頓、李思和詹姆士在船尾貨艙搶救補給品，海水湧入的聲響再起，樑木彎曲緊繃，斷裂的碎屑像子彈般在頭頂亂飛。

翌日早晨，賀理去看不眠不休趕造隔離艙的麥尼旭，發現漏水的情況已經被控制。

賀理寫道：「水深與輪機室的地板同高，但現在排水更容易。我們依然希望這艘漏水的小船能夠渡過危機。」

那是個多雲有霧的迷濛天。高壓冰相互碰撞的狀況四下可見，隆隆聲響四處可聞，巨型冰塊被推疊到難以想像的高度，但船本身悄然無聲。麥尼旭仍在輪機室裡趕工，把他所建造的隔離艙艙壁間填滿混凝土，再用撕破的毛毯條填滿艙壁的縫隙，以防漏水。

那天晚上，沃迪在日記裡寫下：「目前的情況看起來比較有希望。陽光普照就是一個不錯的變化，而且我們都希望隔離艙能夠發揮作用。」從下午四點直到午夜，抽水機不斷運作，把水抽降至可控制的範圍。所有的糧食備品都搬離船尾，以便萬一浮冰裂開，船得以重新浮在水面時，船尾不致下沉。這天夜裡，只有船腹的抽水機徹夜運轉，疲累不堪的眾人在船身不時微弱低吟的陪伴下，假寐幾分鐘。「師傅」麥尼旭仍然在下層的輪機室裡補強隔離艙。

10月26日的黎明清亮，和風陣陣，陽光照得浮冰金光閃爍。擠壓冰的低吼猶在耳邊盤旋，眼前寧靜的美景與小船垂死的掙扎形成強烈對比，薛克頓深有所感。從船橋下望去，薛克頓看到壓力把船身擠壓得彎曲弓起，沃思禮感覺「堅忍號」好似已到了奄奄一息的地步。船身又開始嚴重漏水，疲憊的眾人輪流操作抽水機，每十五分鐘換一次手。疲累不堪的眾人在半睡眠的狀態下，站著操作抽水機。晚上九點，薛克頓下令把救生小艇和雪橇卸到一塊狀況穩定的浮冰上。進水的速度因流冰的移動而稍微減緩。

「大家還沒有完全放棄這艘船，

還希望救它，」賀理寫道。雖說如此，他還是未雨綢繆，把照片集收藏在防水布內，因為「萬一不幸被迫遷移到冰上，我只能帶走我這些作品」。船靜止下來。那天晚上，許多水手聚集在甲板上，一件令人不安的事發生了：甚少成群活動的帝王企鵝，竟然出現八隻莊嚴向著船走來，若有所思，盯著船瞧了好一會，仰頭齊聲發出怪異而熱切的叫聲。

沃思禮寫道：「我必須承認，從來沒聽過企鵝發出那樣不吉利的哀號，無法解釋。」那群企鵝彷彿唱出了這艘船的輓歌。船員中最迷信的麥里奧轉身對麥克林說：「聽到沒？我們全都註定回不去了。」從那天晚上一直到隔天早上，抽水機不曾停過。

10月27日的清晨清澈晴朗，但氣溫只有華氏零下8.5度 (約攝氏零下22度)。四周的流冰低吼，但大家都累得沒力氣去注意。抽水機動得愈來愈快，有人甚至隨著抽水機動作的節拍哼起船歌來。

壓力隨著時間而升高，在下午四點達到高峰——一聲巨響，「堅忍號」被爆發的壓力掀得一個倒栽蔥，船尾朝上，這時，一塊移動的浮冰奪去了船舵和艉柱；然後壓力暫止，飽受摧殘的「堅忍號」稍微下沉。各層甲板逐一向上爆裂；龍骨裂開後，冰冷的海水湧入。

最後一刻終於到了。下午五點，薛克頓下令棄船。遠征隊員用帆布搭起逃生道讓狗滑下，事先集中待命的補給品則用繩索縋至冰上。薛克頓站在搖搖擺擺的甲板上，從輪機室的天窗向下看，支柱與鐵皮逐一脫落，引擎斜落一旁。

沃迪寫道：「一切發生得太快，我們連惋惜的時間都沒有。要等以後才會有這個心情。」疲累與突來的結局麻木了眾人的情緒。從大家的日記裡，看不出太多為個人安危擔憂的跡象；所有人的思緒都集中在「堅忍號」的終結。打從這艘船進入流冰群起，眾人便為這艘船的奮鬥精神喝采；「高貴」、「壯麗」、「英勇」、「我們結實的小船」，都是大家形容「堅忍號」時所用的得意詞彙。這次的旅程是「堅忍號」的處女航，而正如賀理所說的，她是「大海的新娘」。

薛克頓寫道：「很難表達我的感受。對航海人而言，船不僅是個飄盪的家而已……如今，她飽受壓力的摧殘，痛苦呻吟，船身扭曲破裂，在她才剛開始的旅程中，逐漸逝去。」

賀理在與「堅忍號」永別前，回眸望著現已進水約一呎深的麗緻。黑暗中，橫樑斷裂的聲音讓人心驚，他速速離開。在慌亂與雜沓之中，最叫他心碎的，莫過於在水愈淹愈高之際，聽見時鐘依然在過去溫馨舒適的起居室裡滴滴答答。

薛克頓是最後一個離船的人。大家在冰上對著他升起的藍色軍旗發出三聲歡呼。無情的意外使得船上的緊急照明設備大亮。由於電路受損，燈光時亮時滅，看在眾人眼裡，好似「堅忍號」在用閃爍的燈光向他們哀傷道永別。

遇　難

「浮冰鎮日燥動，正因如此，我在船上架起電影攝影機全天拍攝。我拍下了桅杆倒塌的難得景象。
近傍晚時，浮冰彷彿知道自己的任務已經達成，全靜止了下來。」

(賀理，日記)

受損的船身

「可怕的災難突然間侵襲一年多來被我們當成家的船……現在我們不但無家可歸，還得在海冰上漂流。」

(賀理，日記)

耐心營地

沃迪寫道：「在浮冰上集合：老闆解釋目前的情況後，便讓我們休息。」離船百來公尺處有塊堪稱穩定的浮冰，大家就在那裡搭起營帳。放眼望去，巨大的冰塊歪歪斜斜，凌亂堆疊。溫度降至華氏零下15度 (約攝氏零下26度)。一行人目前的位置，離最近的陸地還有350哩 (約560公里) 遠。

每個人都拿到一個睡袋，按著分派在五個營帳中就寢。

麥尼旭在日記裡寫著：「總共只有十八個皮睡袋，所以要抽籤。這輩子頭一次手氣好，讓我抽到一個。」大部分的軍官都「湊巧」抽到比起來較不理想的羊毛睡袋，不過，這刻意的安排逃不過水手的眼睛。

「抽籤的過程有點不對勁，」一級水手貝威爾寫道，「薛克頓爵士、懷爾德先生……沃思禮船長和其他軍官都抽到羊毛睡袋。溫暖質地好的毛皮睡袋全讓我們下面的人抽走。」

躺在不防水的地墊上，眾人聆聽浮冰推磨撞擊，隆隆聲響聽起來像是遠處的悶雷，從他們身下的浮冰傳過。沒有了船身堅實木材的隔音作用，四下的動靜直接傳入耳中。亞麻帳篷的質地輕薄，從帳裡就可以看透營帳，看到月亮。眾人紮營所在的那塊浮冰在夜裡破裂了三次；大家也因此三度起身收拾營帳、睡袋和地墊，再重新搭起營帳。

詹姆士在日記裡記錄：「可怕的一夜，夜空下船身黑暗陰鬱，高壓冰推擠船身發出的聲響……活像動物的嚎叫。」薛克頓在冰上來回踱步，傾聽擠壓冰發出的隆隆聲，望著船上猶存的燈光，徹夜不曾回到營帳裡。「就像小木屋裡透出的燈光一樣，船上的光芒讓夜色更加美麗，」薛克頓寫道，「船身在清晨受到一陣特別猛烈的推擠，橫樑斷裂的聲響傳來，燈光頓時熄滅。」

清冷的黎明時分，賀理和懷爾德陪著薛克頓一同從船的殘骸中撈起幾罐石油。三人利用臨時搭起的克難廚

薛克頓在《南行》一書中把這張照片題為「結局」("The End")。

大難翌日清晨，臨時營地
詹姆士的日記：
「可怕的一夜，
夜空下的船身黑暗陰鬱，
高壓冰推擠船身
發出的聲響……
活似動物發出的哭喊。」
朝364哩 (約582公里) 外
的目的地開拔之前，
眾人離船以來的前三晚，
全在冰上渡過。

房為大家準備了熱牛奶，更好心把牛奶分送到各營帳裡去。薛克頓在日記裡平平淡淡記載：「這麼做是為了讓他們感到舒服點，但看到他們面無表情接下送到面前的熱牛奶，心裡有點驚訝，也有些許惱怒。他們大概還沒反應過來我們在大清早裡為他們做的事。還聽到懷爾德說：『如果各位需要擦靴，儘管把靴子放到帳外。』」

早餐完畢，薛克頓再度召集眾人，宣布幾天後要徒步往西北方200哩 (約320公里) 外的雪嶺島 (Snow Hill Island)或羅柏森島 (Robertson Island) 前進。

麥克林寫道：「薛克頓的態度一如往常，已經發生的事就是過去式，他只看未來……他的語氣平穩，不情緒化也不激動，只說『船和糧食都泡湯了，所以我們打道回府』。」

根據計畫，眾人在這趟長途跋涉裡要攜帶基本的補給品，並且把三艘小船中的兩艘帶走。每個人都領到新的多裝配備和一磅菸草。此外，薛克頓限定每個人只能帶兩磅重的隨身物品，只有少數例外。薛克頓允許赫胥帶著斑鳩琴同行，因為琴聲可以為大家帶來「不可或缺的精神鼓舞」。

為了樹立典範，薛克頓當著眾人的面拋下他的金表和許多金飾紀念品，銀梳和理容盒也不例外。隨後他又拿出亞麗珊卓皇后於「堅忍號」臨行前所賜的《聖經》，撕下蝴蝶頁、詩篇23章和〈約伯書〉的幾頁經文，然後把《聖經》留在冰上。他留在身上的〈約伯書〉經文是：「冰出於誰的胎，天上的霜是誰生的呢？諸水堅硬如石頭，深淵之面凝結成冰。」

大家逐一捨棄個人物品：軍裝、科學儀器、書本、手錶、烹飪廚具、繩索、工具、旗幟、六分儀、經線儀、日記、毛毯，散置在冰上，愈堆愈高。麥尼旭趕工把雪橇裝到小船

上，其他人則幫忙整理糧食器材，在衣服上縫製口袋，以儲存湯匙、餐刀、衛生紙、牙刷等基本用具。

接下來的兩夜過得還算平靜。10月30日清早，天氣陰寒，飄著雪。向西北方開拔的準備工作已經就緒，下午一點十五分，由薛克頓、哈德森、賀理和沃迪組成的「開路小隊」先行出發。薛克頓喊道：「大夥兒現在向羅柏森島出發！」眾人聽了一陣歡呼。開路小隊負責先行在前剷平沿途的冰丘、大冰塊和冰脊，好讓小船與雪橇隊通行。

兩點五十五分，科林開槍射死三隻他一手照顧的小狗；已經被全船上下視為吉祥寵物貓的「師娘」，也在科林的槍下結束生命。接著輪到麥克林射死他那隻從未上過韁繩的小狗「賽流士」。天真的賽流士渾然不知死期將到，猶雀躍舔著麥克林的手；麥克林的雙手顫抖，無法瞄準，連射了兩槍才放倒小狗。槍響的餘音迴響在冰野上，久久不止，為原本就陰溼灰沈的天氣籠上愁雲慘霧。

下午三點整，全隊整裝出發。開路小隊打頭陣，隊員中分出十五人拖拉小船壓後，隊伍拖著沈重的裝備緩緩前行，蜿蜒達1哩 (約1.6公里) 長。七支雪橇犬小隊來回接力搬運較輕的物品。

六點整，全隊紮營過夜。一下午的跋涉只前進了1哩 (約1.6公里)。

李思在翌晨寫道：「天氣惡劣不堪。雪下得很大，但氣溫也高，所以濕漉得不得了。」全隊因下雪之故遲至下午才出發；才向前推進了半哩 (約0.8公里)，天氣變得更惡劣，薛克頓不得不叫停。第三天，也就是11月1日，隊員每跨出一步都陷入潮濕而鬆軟的雪堆中，有時雪深甚至及臀，在薛克頓宣布放棄這段跋涉之前，全隊只向前推進了四分之一哩 (約0.4公里)。

賀理寫道：「冰面的狀況極度惡劣，冰上滿是冰丘與冰脊交錯而成的迷宮，找不到寸尺的平坦表面。」薛克頓與懷爾德、沃思禮及賀理三人所組成的臨時顧問團討論後，明白再勉強走下去也只是徒勞一場。他向眾人宣布要就地搭建新營區，靜待堅凍的浮冰碎裂，以便小船下水沿著冰隙水道航向開闊的水域。薛克頓的盤算，是希望流冰能夠帶著他們繼續向西北漂流到四百浬外的保利特群島(Paulet Islands) 附近，以利眾人登陸。瑞典探險家諾登史科爾德(Nordenskjold)率領的探險隊，曾於1902年在島上搭建一個石板屋；薛克頓知道石屋裡必定儲滿糧食，因為十二年前他曾是參與儲放救急糧食的一員。薛克頓計畫分出一支陸路小隊，繼續向西行至葛拉漢地 (Graham Land)，再一路推進到可見捕鯨船蹤跡的威合米納灣(Wilhelmina Bay)。在此同時，在一大塊20呎 (約6公尺) 厚的堅固浮冰上搭建起的新營地，被正式命名為「海洋營地」，離「堅忍號」船骸只有一哩半 (約2.4公里) 遠。

接下來的幾天裡，大家分成幾支小隊，一趟又一趟把物資由「堅忍號」

拖拉「凱爾德號」
「我們跟著架在合成雪橇上
那艘比較重的小船走。
讓小船前進可真不容易。
我們盡了全力,
但等小艇到達距離只有四分之三哩
(約1.2公里) 遠的第四號新營區時,
大夥兒個個筋疲力竭。」
(李思,日記)
每艘救生艇在滿載物資時
可達一噸重。

遠眺營地
終於打消長途跋涉的念頭，
在離「堅忍號」殘骸
約一哩半 (約2.4公里) 的
堅固大浮冰上搭建起海洋營地。
圖中左方，
地平線盡頭依稀可見「堅忍號」
斷裂的船桅頂端及狗籠。

附近的臨時營地搬往新建的「海洋營地」。許多當時自船上搶救下來的物品在這幾天裡深陷雪中，與堅冰凍結在一起。雖說如此，還是有包括幾冊大英百科全書在內的不少項目倖免於難。大家從甲板層深達3呎 (約90公分) 的積水中打撈起完整無缺的舵手室，改做為儲存物品的倉庫。麥尼旭用斧頭在麗緻上方的甲板劈出一個開口，許多箱食品隨著積水自孔中湧出，從大夥兒的反應裡看得出某些食

品大受歡迎，也有些食品大家根本不屑一顧：糖罐和麵粉的出現引起眾人一陣歡呼，但看到核桃、洋蔥和碳酸蘇打水時，只聽到失望的咕噥聲。

就在大家冒險從面目全非的船上撤走各種物品的同時，賀理決定設法取出原先放在船上的底片。

他在日記裡寫道：「我一整天都在用斧頭劈開厚實的冰箱外壁，想拿回放在冰箱裡的底片。這些底片陷在4呎 (約1.2公尺) 深的鬆軟冰層下，而

我打著赤膊，把身子埋入冰中，好不容易才把底片拖出來。還好事先把底片焊封在兩層錫罐裡，希望底片不至於因爲陷在冰雪中而受損。」

由於新的脫困計畫必須倚賴目前僅有的小船，因此個人隨身物品的重量依然受到嚴格的限制。然而，當賀理帶著他寶貴的底片回到營區時，薛克頓的態度軟化了。

「花了一整天和薛克頓爵士回顧這一年來拍攝的底片，從中挑選最好的作品，」賀理在11月9日的日記裡如此記載。他把一百二十張底片重新焊封在錫罐中，另外丟棄了約四百張的底片。「這樣去蕪存菁是不得已的，是絕對必要的，因爲救生小艇上的空間極度有限，全隊都必須大幅減少所攜帶的物品。」他和薛克頓挑選出的底片包括二十張Paget彩色照片

和一百張全玻璃和半玻璃感光版。此外，賀理也從船上取回一本已沖洗好的相片集。

薛克頓在宣布棄船時對李思說：「建議你最好把舊日記本放在我袋子裡，我相信你寫日記寫得比我勤快。」他掛記著爲籌募資金所預售的實錄書版權與媒體報導版權，李思的日記可以提供充份的素材。同樣的，賀理所拍攝的照片也有類似價值。

大夥兒利用雪橇載回了共達三噸重的糧食與補給品，存放在以舵手室改裝而成，現在別名「兔籠」的儲藏室裡。新營地儼然成形。營地的中央是用桅桁與船帆搭起的廚房，裡面架著一口爐子，是賀理利用船上灰槽的鑿子打造出來的。在廚房附近，立著三個圓頂帳篷和兩個尖頂帳篷，雪橇犬按著分隊各繫在離營帳不遠處的木

殘　骸
「軍官起居室成了一堆殘木，至於前貨艙
我是一步也不敢踏進去，
就怕進去後出不來……
看到熟悉的地方面目全非，
實在很難過。」
(麥克林，日記)

海洋營地
眾人利用自「堅忍號」
拆下的浮木（圖前方）
構建廚房。
「半數的人架著
狗拖的雪橇回到船邊，
用一整天的時間，
把木頭、繩索和零星物資
以接力方式運回營地。」
（李思，日記）

椿上。大家利用甲板的木料搭起一座瞭望臺，升起英國國旗與「皇家克來德遊艇俱樂部」(The Royal Clyde Yacht Club) 的旗子。

　　新營地的生活作息公佈：早晨八點三十分，廚房供應早餐，吃的是煎海豹肉、用燕麥麵團烘製的蘇格蘭薄餅和茶。每個帳篷指定一名供膳員，負責自廚房把早餐端至帳篷內。早餐後，有的小隊外出到較遠處尋獵海豹，有的小隊在營地附近做雜務，直到一點鐘回營午餐。午餐後自由活

動，大多數的人選擇看書、織補或散步。五點三十分，晚餐是燉企鵝，甜點是熱巧克力；用過晚餐後，眾人立刻鑽入睡袋就寢。大家輪值每小時一班的夜哨，以防犬隻「脫韁遊蕩」，若發現浮冰突然破裂，需及時警告。

　　「堅忍號」快被碎裂的流冰壓毀時，首先搶救出來的物品當中包括了為跨越南極大陸所準備的糧食裝備，大家至今仍仔細保存這些口糧，準備作為一、兩個月後大家乘小船向北求援途中的糧食。除去這批儲備食品不

海洋營地
以船帆與桅杆搭成的長方形帆布營帳是營區的廚房，毗連的是從積水中撈出的，目前權充儲藏間的舵手室。

海洋營地
薛克頓和懷爾德站在左前方；斜倚在懷爾德身旁的槍，
是貝威爾在蒙大拿州所買來的溫徹斯特點三點三卡賓槍 (Winchester.30-.30)。
懷爾德右後方的木條板牆，是儲藏室的後壁。賀理的攝影器材存放在薛克頓腳下左側的木箱裡。
水手群大多散立於照片中的右方。

海洋營地
「連我們也都難以想像，
竟然在一塊巨大的浮冰上生活，
靠著身下五呎厚的堅冰
與下方兩千噚深的海水相隔，
任由反覆無常的風與潮流
帶著我們飄向未知。」
(賀理，日記)

算，船上搶救下來的糧食到底還能撐多久，依各人個性不同，所估計的時間也大有出入：根據賀理的推算，「由於海豹肉和企鵝肉增加，目前的食物量大增，足夠撐九個月」。經驗老到的李思估計大概只能撐個一百天出頭，這個數字比較接近實際情況。薛克頓規定每天分配給每人一磅的食品，這樣的量說來不算多，但不至於讓大家挨餓。大家在這個時候最主要的抱怨並非食物，而是生活的單調。

向來重視群體和諧的薛克頓，在現今的住宿安排上再度發揮了過人的機敏。

葛士奇說：「他挑出幾個他認為和大家比較合不來的人與他自己同住……他帳裡的那幾個傢伙都不好相處，真像個大雜燴。」在一號營帳裡，與薛克頓同住的有賀理、哈德森和詹姆士。由於詹姆士很容易淪為眾人欺負的笑柄，因此安排他與自己同住，是薛克頓為他著想。虛榮的賀理對於自己能跟老闆同住而洋洋自得。其實薛克頓對賀理深懷戒心，因為在遠征初期，賀理展現了優越的能力，加上他過去的經驗豐富，贏得了隊上不少人的崇拜。賀理的耐力與實際的體能，跟懷爾德及科林不相上下，但他不像懷爾德和科林兩人那樣對薛克頓一片赤誠。因為這個緣故，薛克頓只好不厭其煩，事事「徵詢」賀理的意見，讓他參與所有的重要會議。

懷爾德、沃迪、麥凱洛伊和麥尼旭四人，同住二號帳篷。薛克頓刻意安排讓陰沈執拗的老木匠在懷爾德的監督下，與他認為「可靠」的幾人同住。三號帳篷裡住了八個水手，過去同屬水手艙的郝華特、貝威爾、麥卡

錫、麥里奧、文森、賀尼士、史帝芬生和葛霖，現同睡在大型的圓頂帳中。大致說來沒問題的四號帳篷裡住著赫胥、馬思頓、齊漢，由科林總管；沃思禮則是五號大帳篷的負責人，與他同住的包括葛士奇、李思、柯拉克、科爾、李金森、麥克林、白博洛。

這樣的日子過起來雖然無聊，卻不算太糟。除了臆測歐洲的戰局之外，眾人討論得最熱烈的話題包括了天氣、風向和流冰漂流的速度。

「大風雪依然不停，但我們都希望風雪一整個月都別停，因為從上次觀察方位以來，我們已經向西北方前進了6哩 (約9.6公里)。」麥尼旭在11月6日的日記裡寫道，這是他們在浮冰上生活以來第一次遭遇到大風雪。浮冰漂流的方向和速度同等重要。在理想狀況下，盛行的西北洋流會帶著眾人向帕默半島的尖端前進，而他們看中的雪嶺島、羅柏森島、保利特群島，都在帕默群島的左近。但就另一方面來說，流冰也不是不會朝著東北方或東方漂流而去，遠離所有陸地。當然，還有另一種可能，就是流冰群停滯原地不動，那麼大家可能得在冰上再熬過一個多季。

這年11月中旬的天氣溫和得不尋常，氣溫有時可達華氏28、29度 (約攝氏零下2度)，甚至還要高個好幾度。雖然說溫暖的天氣是流冰群破裂的好兆頭，可是在冰上的生活狀況因而大受影響。營地因半融的雪水而變得泥濘不堪，普通的行走也成了費力

的跋涉，有時一不小心踏入融化的雪堆裡，就陷入雪下的水塘中。帳篷內的溫度有時高達華氏70度(約攝氏22度)，這時候大家反而覺得帳內悶熱得難以忍受。搶救回來的狗籠與船身的木材經過一番改造，在各帳篷內權充木頭地板，儘管如此，融化的雪水依然淹過地板，浸濕了大夥兒的睡袋。到了晚上，溫度驟降到華氏零度(約攝氏零下18度)左右，眾人氣息中所含的水氣遇冷凝結，在帳內形成雪花飄落下來。

帳篷內有如沙丁魚罐頭般擁擠，幾個大男人並肩乖乖躺著，沒有翻身的空間，出入時連落腳的餘地都沒有。在這種情況下，單純的小摩擦難免會演變成激烈的衝突。

「帳篷的布幕非常薄，」李思寫道，「比這張紙還要單薄，話說『隔帳有耳』，很多他人『不該聽到』的小爭執，不論帳裡帳外，都傳入大家的耳裡。」李思自己在這個大團體中的角色可說是既有趣又可悲。除了個性上許多不得人緣之處，李思睡覺時發出的如雷鼾聲也十分惱人。11月初，他在日記裡說：「有人醞釀要把我從這八人大帳篷中趕出去，讓我去睡『兔籠』。」這個計畫成功了；不久後，只見李思忙著為他在儲藏室裡新設的舖位做最後的修飾。

「今晚從五號帳篷裡傳出悽慘的嗚咽和哀泣，因為他們最親愛的『上校』為了某種原因，一個人搬到用舊舵手室改建的儲藏室去住，」沃思禮在日記裡語帶調皮。照薛克頓對團體

海洋營地

由右至左，薛克頓、懷爾德，和一名認不出身分的水手。這是賀理用專業相機拍攝的最後幾張照片之一。

這張照片拍攝的日期約在11月9日至22日之間。

水手在11月9日搭起瞭望臺，照片中可見「堅忍號」的燕尾旗在英國國旗下飄揚。

賀理在11月22日把相機鏡頭和底片緊密的焊封在雙層的錫罐中。他也把已洗出的相片集放在銅盒中。

自此以後的照片，全是賀理用柯達口袋型相機和三卷底片所拍的。

海洋營地
圖中後方可見三艘小船架在雪橇上。

行動與群體和諧的極度講究與堅持來看，他肯答應讓李思搬到儲藏室一個人睡，或說是放任其他人把李思趕出去，實在令人驚訝。但說來薛克頓也不得不採取行動，減少李思在眾人間所造成的影響。

李思用一貫的口吻在日記裡寫道：「一個人的正常飲食，必須包括蛋白質、脂肪和碳水化合物等三大類營養成份，不論實際食物量的多寡，食物中所包含的這三類營養都應該成 $1:1:2\frac{1}{2}$ 的比例。也就是說，碳水化合物 (含澱粉質食物與糖) 應該是其他兩種營養的兩倍以上……可是，我們的麵粉大概最多只夠再用十個星期。」李思毫不掩飾他的憂慮，近乎神經質的反覆盤點，再三宣布糧食不足，這些舉動想必把薛克頓煩得簡直要發狂。

其實李思對糧食存量的估計完全正確，但是把這個消息告訴大家對整體情況毫無幫助。然而李思似乎無法體會到，不管從任何理性的角度來看，遠征隊目前的困境已經不是用危急就可以形容，想要脫困根本比登天還難，因此不管是哪種求生策略，都不能全然順應現實；薛克頓在策略運用上向來孤注一擲，總要利用團隊士氣來挑戰實際需要。在目前這種狀況下，薛克頓當然不希望其他人老聽到李思長篇大論，引用科學法則與推理大做悲觀的預測，因而打擊士氣。因此，對於排斥或削弱李思可信度的小動作，薛克頓私下自是大表歡迎。

此外，以目前的狀況看來，大家的確可以開始進行一些實際的準備，例如為終將來到的求生之旅做準備，或是修建小船。

麥尼旭在11月16日的日記裡寫道：「從星期六開始就忙，為了小船的航程，要把雪橇修好。現在我要把小艇加高一呎，還要從中再做一層甲板，萬一航程比現在預期得更長，就能裝載所有的人。」他手邊只有一把鋸子、一隻鐵鎚、一把鑿子和一隻手斧；他就用這幾樣救命工具完成了工作。他用不到兩星期的時間把三艘小船都改裝完畢，但仍繼續利用僅有的幾樣工具修修補補。

他在日記裡寫道：「開始進行把『達克號』小船加高一塊板的工作，純屬自願。對我來說純屬消遣，但這可以讓小船在海裡更經得起風浪。」走過麥尼旭身旁的人，莫不停下腳步讚嘆他的手藝。到了12月中旬，麥尼旭仍未歇手。根據他自己的說法，修補船隻真的是他的「消遣」。他主要的修補對象仍是22呎 (約6.6公尺) 長的捕鯨船，也就是依此次遠征主要贊助人而命名的「凱爾德號」。這艘小船當初是委託沃思禮代訂，在泰晤士河畔的一處造船所根據他開出的要求而製成。

根據沃思禮的記載，「凱爾德號」的「船殼板用的是巴爾幹半島來的松木，龍骨和船骨用美洲榆木，舳材和艉柱則用英國橡木」。麥尼旭對這艘船所做的修補工作當中，有一項是為船首加上防擦板條，因為他說：「免得被新結凍的冰刺穿，採用白松建成

「船的殘骸凌亂四散。懷爾德在船沉之前看它最後一眼。」
（薛克頓，《南行》）
這幀照片大約是在1915年11月14日，懷爾德與賀理從海洋營地走回沈船處探勘殘骸時所攝。
七天後，船完全沈沒。

的船身在冰海中撐不了多久。」由於填縫防漏的材料不足，麥尼旭只好用馬思頓的油畫顏料代替瀝青，密封起以燈芯取代麻絮所填滿的船板縫隙。他用的釘子都還是從「堅忍號」搶救出的木板起出來的。

海冰解凍，四周景觀出現了細微的變化。細小的裂縫與水道劃開了錯縱複雜而日漸融化中的冰野。白晝的時間很長，凌晨三點日出，晚上九點才日落。大夥兒以獵殺海豹、玩牌和討論大英百科全書的文章來消磨時間；五號帳篷裡的柯拉克以朗讀《安樂椅上說科學》(Science from an Easy Chair)自娛；歌詠會照常在晚間舉行；馬思頓重裝了全隊所有人的靴底，而賀理則絞盡腦汁，想為大家的鞋底裝上克難的冰爪，以增加抓地力，應付西行至雪嶺島的長征。

11月21日晚上，大家剛餵過雪橇犬沒多久，各自在帳篷裡或閱讀或悄聲閒聊，只聽到薛克頓在外喊道：「時候到了！」眾人急急奔向瞭望平臺和其他視野較佳的據點，向「堅忍號」行最後的注目禮。

「堅忍號」船首朝下，船尾高舉在半空中，瞬間就筆直沒入海中。

貝威爾回憶：「一時間，全部的人營籠罩在詭異的靜寂之中，我那時只覺得喉頭哽著東西似的，嚥也嚥不下去……我們從此真的落單了。」

薛克頓在瞭望臺上輕輕說：「兄弟們，船走了。」

薛克頓在日記裡寫著：「下午五點，船頭朝下沉去；反倒是麻煩不斷的船尾最後才沒入水中。我難過得寫不下去。」

冰雪繼續融化，冰縫間的水道增多，回臨時營地取物和外出打獵的路程變得益發危險。雪橇隊費盡心思，每天在變化多端的冰野中找尋最佳的行進路線，避開數目漸多的水道，取回先前隊員步行外出獵得的海豹。目前營地所在的大浮冰，在日漸鬆動的流冰群中向東移轉了十五度之多。但就整體而言，流冰群還沒有出現碎裂分散的跡象。

李思在日記裡這麼寫著：「薛克頓爵士一點都沒有忽視我們要繼續待在冰上的可能性，可能要到浮冰接近南奧克尼群島 (South Orkneys Islands)為止，但他不喜歡大家討論這件事，怕使人因而意氣消沈，特別是對水手造成影響。」

四周一片濕漉的景觀中，熟悉的標的物漂流而過。老友「壁壘」冰山就在5哩 (約8公里) 外，從冰山的一片深藍看來，目前流冰群可能接近了開闊海域。有時候濃霧遮住了四方；帶著濕氣的雪花片片落下，甚至有一次真的下起雨來。11月底，蔚藍的天空突然變臉，轉眼間冰雹落下，打在帳篷上的聲響讓沃迪想起傾盆大雨打在樹上的聲音。眾人置身於大塊浮冰上，以每天2哩 (約3.2公里) 多一點點的速度朝西北方漂去。

12月對薛克頓來說並不好過。薛克頓的坐骨神經痛發作，不得不在11月底臥床休息，他的情況在幾天裡惡化，到後來非要人幫忙才出得了睡

袋；薛克頓裏著單薄的羊毛睡袋，躺在浸水的潮濕木頭上，對他的病情自是無一絲好處。對他來說，糟糕的是，臥病在床使他無法充份掌握營區的大小事。與薛克頓同帳的詹姆士注意到：「他時時在注意是否士氣渙散或人心不滿，以便立刻處理。」最重要的是薛克頓深怕會因此而失去對屬下的掌控。薛克頓在臥病期間變得緊張浮躁。兩個星期多後，薛克頓終於康復出帳，此時的脾氣實在不太好。賀理在日記裡描述薛克頓大病初癒的情況：「老闆把廚子痛罵一頓，怪他火候沒控制好，弄得大麥烙餅半生不熟。」其實，大家都感到焦躁不安，特別是水手群中隱約出現不滿，著實令人擔憂。

到了這時候，全隊上上下下比以前更密切注意所在浮冰的漂流方向。

李思在12月12日的日記裡說：「只要一過了南極圈（南緯66度31分），感覺上就好像回家的路程已經完成了一半，而且只要風向對，我們也許在新年來臨前就可以越過南極圈。」

幾天後，強烈的南風吹起，浮冰漂流的速度加快，似乎真的有希望提前越過那條意義非凡的無形界限。不料到了12月18日，強風改自東北捲來，硬吹得他們循著原來的方向倒退。原先向西北漂流的浮冰，現微微偏東，遠離陸地，這更是意料外的變化。為了避免因向東漂流而離陸地愈來愈遠，也因為連懷爾德都同意「辛苦一點對大家都有好處」，薛克頓和懷爾德與賀理聚首討論，要不要再次開拔，徒步向陸地出發。12月20日，三人出發探勘冰野的狀況。

架在冰上的廚房，
李思和廚師葛霖

從海洋營地遷至耐心營地，
諸事不順的跋涉途中，
李思和葛霖在克難廚房裡
準備餐點，兩人的臉龐
被獸脂爐燻得烏黑。

賀理在日記裡寫得樂觀：「發現冰野的表面與整體狀況都不錯，大概有百分之七十五的路程都算好走。」薛克頓向其他人宣布，在夏至當天慶祝聖誕節，並準備於隔天，也就是12月23日再度開拔。大家對這個令人震驚的決定反應不挺好。葛士奇在日記裡表示：「就我看來，這次的跋涉會很糟糕。目前的雪地鬆軟泥濘，比我們當初離船時的狀況糟多了，我認為這是不得不為的最後之計，我真的希望他能立刻放棄這個念頭。為了這事，我們營帳裡起過好幾次爭執。」

「聖誕大餐」無比豐盛，但隔日清晨收拾拔營時，還是有許多人顯得提不起勁，因為薛克頓決定要趁夜間冰野表面最堅實時開拔，所以大家在清晨三點鐘就被喊醒，面對天色陰沈多霧的一天。上一次試圖長征失敗，但大家那時還抱著樂觀的希望向前進，而這一次出發時，有不少人心不甘情不願，純粹只是服從命令而已。

十八個人套上背帶，用接力的方式，在危險又不穩定的冰上將兩艘小船往前拉；接著所有人再回頭到原地裝拾起所有剩餘的物資。把營帳、廚房、備品和雪橇拖到小船邊，就地紮營；另一艘小船被留在海洋營地。一天八小時走下來，只前進了大約一又四分之一哩 (約2公里)。

如此苦悶無趣而不值得的苦工持續了幾天。在這幾天裡，大家不曾獲得充份的休息，也未曾真正填飽肚子，身上的衣服永遠濕透。每個人都很疲累，卻只能打起精神，背著重重的物資，每天拼上好幾個鐘頭，在冰丘上或半融的泥濘雪水中滑倒再爬起，向前推進一哩半 (約2.4公里)。

薛克頓原先計畫要向西走60哩 (約96公里)；但現在他自己也該清楚，這個目標實在難以達成。

貝威爾寫道：「我這輩子從沒遇過比這更令人氣餒的跋涉。」

12月27日，原本不曾明說的疑慮與排斥全部爆發。

沃迪記道：「今天船長和木匠在駕雪橇時起了摩擦。晚上全員在冰上集合，聽老闆宣讀船上的規章。」原來那天稍早，麥尼旭卡在一塊冰況不甚良好的地方，奮力掙扎了兩個多小時後，就地打住，高聲咒罵說他不願再往前走。

那時候薛克頓人在前方，與先發小隊一同探路，只留下沃思禮船長負責管理船上的水手，獨自面對難纏的麥尼旭；事態的發展顯示，沃思禮實在無力處理這個棘手的問題。沃思禮和麥尼旭之間的關係向來緊張；如果換作其他任何一個人來管理這群水手，情況大概都不會演變到麥尼旭發飆的局面。到最後，狼狽不堪的沃思禮只好派人去向薛克頓討救兵；薛克頓聽到消息，立刻從隊伍的最前頭趕回來。

麥尼旭此時筋疲力盡，全身濕透，又飽受痔瘡之苦，而且依然為失去愛貓師娘而傷心。為此他抱怨了好幾個星期，說薛克頓不准他利用「堅忍號」的殘木建造一艘單桅帆船，搭載全隊脫困而去。不少同伴都同意他的看法，對薛克頓的決定感到失望。此時飽經風霜的老水手搖身一變成了海事法律師，硬說他服從命令的義務在棄離「堅忍號」時就已結束。

尖銳的言語你來我往。就技術面而言，麥尼旭的論點是正確的，但薛克頓還是在晚上召集全員集合，大聲把隨船規章逐一讀出，並加上他個人

滿載補給品的雪橇
每架雪橇上都載滿了補給品，
由雪橇犬拖曳前進。
圖中雪橇載運的是
狗食與蔗糖。

的闡釋：他告訴手下，大家要等抵達安全地點後才能支領完整的薪水，而不是如尋常規章般在棄船後便可支薪，因此所有人都得依從他的命令，直到脫困為止。

麥尼旭冷靜了下來；對峙的情況解除。不過薛克頓心裡明白，這次的危機化解得多麼驚險。他要拿捏的並不僅是一個心生不滿的水手而已。麥尼旭不僅在士氣低迷的時候抗命，他更公然質疑薛克頓樂觀的看法。不能再安慰自己說，痛苦的努力會有成功的希望。也許，大夥兒私下對薛克頓的怨言與批評並沒有錯，他們當初不該離開海洋營地；也許，薛克頓當初該讓「師傅」建造一艘單桅帆船。麥尼旭短暫的抗命事件，讓大夥兒想到一個過去不曾設想的問題：原來老闆也會犯下大錯。

情況如此，薛克頓在兩天後宣布停腳，這個決定下得既痛苦又勇敢。前方的冰野完全無法通行，大家不僅得停住腳步而已，還得向後撤半哩(約0.8公里)到結冰較堅實的地方。全體在晚上十點就寢，不曾進餐。

薛克頓在日記裡寫著：「就寢後冷得睡不著。反覆思量全局，決定退回冰況較安全的地方：這是唯一安全的作法……心中很焦慮……除了木匠外，大家工作狀況都不錯：他竟然在理應共體時艱的當頭出問題，我永遠不會忘記。」

大家選了一塊看來還算堅固的大浮冰紮營；但隔天這塊浮冰就裂出一條深縫，迫使大家只好再另找棲身之

處。眾人發現，四周冰野的狀況不如原先海洋營地穩定。

沃思禮寫道：「四下的浮冰似乎都被海水滲透到表面。情況嚴重到只要在任何一塊六、七吋厚的浮冰上向下劃開一吋左右，海水就立刻從劃開的孔中冒出。」但眾人只能受困在原地不動，因為後方的浮冰已經融得四散，他們無法再向後撤退。

眾人花了一整個星期的時間，耗盡力氣拖拉裝備，卻只向前推進了8

哩 (約12.8公里)。被他們拋在身後的海洋營地，有著額外的補給品、書籍、衣物、一個高效率的鍋爐，營帳內隔水的木板——一言以蔽之，他們拋下了舒適而規律的生活作息。不僅如此，大夥兒費盡千辛萬苦套上韁繩接力拖拉的兩艘小船，在這次的路程中受損。

貝威爾回憶道：「我聽見木匠說，如果我們繼續在如此粗糙的冰野行進，船會嚴重損傷，屆時即使抵達開闊水域，也根本無法浮在水面上。」麥尼旭顯然花了不少功夫讓大家都知道這件事。麥尼旭藉此報復；因為水手深心恐懼的莫過於寶貴的小船受到損傷。

縱使面臨種種痛苦的挫折，心中有再多的疑慮，大家還是得重新建立起在浮冰上生活的模式。五頂營帳沿著暗藏危險的雪堆排成一列，與犬隻平行。李思在日記裡記下：「我們稱這裡為『耐心營地』。」

這時已是1916年1月，封凍的流冰群絲毫沒有任何裂開的跡象。不僅如此，現在連風也停了，眼看離南緯66度就差那麼一點點。日日夜夜，一週又一週，時光在反覆出現的單調沈悶與情緒化的緊張中消磨過去。

賀理在日記裡用一種與性格大相逕庭的不耐煩口吻表示：「這種等待的遊戲真快磨光了人的耐心。」不論面對任何狀況，賀理通常比隊裡的任何人都還要有韌性。大夥兒在繞著紮營所在的浮冰邊緣散步，或閱讀，或玩橋牌，或窩在睡袋裡，以各種方式打發時間。麥尼旭故意用深紅的海豹血去填補兩艘小船的受損部位。大家體認到，這是前所未有的困境。

沃迪口氣平平記載著：「不知怎的，老闆又改變了心意，現在他打算等流冰裂開再採取行動，而且他深信流冰一定會裂開，他對此所抱持的信心，跟他一星期前深信冰野表面堅實，可以駕著雪橇以每日10哩 (約16公里) 的速度前進是一樣堅定的。」這段期間的薛克頓心事重重，十分情緒化，而且不太願意聽取他人善意的建議。李思公然表露出對補給品不足的驚慌，而且天天在未得許可的情況下，擅自走過半融的冰野，到遠處獵捕海豹；到最後，沃思禮只好銜命去「看管」李思。葛士奇建議獵殺所有接近營地的海豹和企鵝以囤積口糧，卻被薛克頓一口駁回。

據葛士奇的描述：「『喔！你真是悲觀透頂。這會嚇壞水手，他們會以為我們永遠出不去了』。」然而食

物眞的是一大隱憂，海豹愈來愈少，而且肉和獸脂的存量都在減少。

1月14日，懷爾德、科林、麥凱洛伊和馬思頓的雪橇隊上二十七隻雪橇犬全遭射殺。目前實在看不出這些雪橇犬在往後還能派上什麼用場，而且消耗的狗食實在太珍貴了；這些雪橇犬平常食用的「乾肉餅」，轉而變成遠征隊員的主食。懷爾德記道：「這個責任落在我身上，我這輩子沒碰過這麼糟糕的差事。這群狗中最壞的那幾隻，都還不如我認識的一些人

該死。」這樁不得不執行的任務，讓所有人都很難過。

麥尼旭的日記裡寫道：「這是自從離家以來最悲哀的事件之一。」同一天晚上，賀理和麥克林獲准帶著他們的雪橇小隊冒險跑回海洋營地。來回的過程有點波折，但他們仍在翌日帶回900磅（約420公斤）的儲備品。這也是賀理的小隊最後一次出任務。

「下午，懷爾德射殺了我這小隊的狗，」賀理在日記裡寫道，並向他最鍾愛的雪橇犬道別：「永別了，老領隊『莎士比亞』，我永遠都會記得你，你的勇敢、忠誠和勤奮。」

好不容易度過了一個月讓人發瘋的寂靜生活，一陣來自西南的暴風雪在1月21日把他們所在的浮冰吹過了南極圈，進入他們所熟悉的水域。現在他們偏向雪嶺島的東方，但只剩不到150哩（約240公里）的距離。為了慶祝這難得的進展，薛克頓下令廚房多發給每人一個大麥烙餅以茲慶祝。只不過幾天後，沃迪和沃思禮外出探察狀況，爬上左近的冰山，發現長久以來等待封凍冰野破裂的希望依然渺茫。

沃迪在爬上冰山登高瞭望後報告：「放眼望去四處都是流冰。」由於海豹的數目已經非常稀少，供作燃料的獸脂存量也日漸縮減。為了節省燃料，薛克頓下令，每人配給的熱飲數量減至每天早晨一杯熱茶。

1月底，流冰群流動的方向異乎尋常，耐心營地所在的浮冰，竟然與過去的海洋營地相距不到6哩（約9.6

公里）──而海洋營地所在的位置反而比他們目前的位置更偏西，更接近雪嶺島，實在是太諷刺了。2月2日，薛克頓允許大家回海洋營地，把留在原地的第三艘小船「威爾斯號」運過來。

沃迪記道：「花了好久的時間才說服老闆點頭，而且我懷疑要不是為了讓大家高興，他根本不肯答應。」大家都不認為現有的兩艘小船足以搭載所有的隊員。薛克頓原先一直不肯答應大家回海洋營地取船，因為他神經質得很，生怕任何意外會奪去隊員的生命。然而，一當三艘小船安然擺在營地裡，大家的情緒就都高昂了許多，水手們尤其高興──不過有不少人認為，水手心情好才不是因為「威爾斯號」歸隊的緣故，而是因為這趟回海洋營地收拾了不少補給品私藏在他們的營帳裡。

時間依然慢慢踱著步。薛克頓傳下命令，要大家重新把過去留下的海豹骨、鰭和零碎的殘骸再剔過一次，找出剩餘可用的部份作成獸脂。「海豹問題」變得非常嚴重；目前大家缺乏的不僅是用作燃料的獸脂，連食物都成了問題。

麥尼旭在日記裡寫道：「所以我們什麼也沒得吃，只能鑽進睡袋。用抽菸草來忘記飢餓。飢餓──洛依喬治（Lloyd George）總理說的──飢餓是工人階級的豪華享受。」

潮濕的天氣和綿綿不斷的雪花，迫得大家只能待在各自的營帳裡，但營帳都已被雪水滲到濕得不能再濕。

第五號營帳舖在地上的墊子，早被徵用為其中一艘小船的帆。現只好用油布防水夾克和長褲、兩條毯子，外加一條豹形海豹 (sea leopard) 的皮充數，當作濕漉的雪地與睡袋之間唯一的區隔。好幾頂營帳都被狂風扯破，而且營帳的材質單薄到只要一陣大風就可以把帳外香菸的煙霧吹進帳內。

2月初，李思又因悲觀的論調惹來薛克頓的一陣責難。

在李思日記裡的陳述，絲毫看不出他因受責而惱怒：「把遠征途中發生的枝微末節記錄下來是值得的，因為通常書出版時都刪去了這些小插曲，或只是模糊帶過，讀者得從字裡行間猜測。」薛克頓依然不准李思出外遊獵，宣稱已儲藏了足夠的肉品可供全隊食用一整個月。連忠心的沃思禮都無法接受這個禁止打獵的規定，而面對薛克頓的樂觀，許多人則回應以私底下的冷言冷語。

葛士奇表示：「在我看來，他那高尚的樂觀只是愚蠢罷了。不論碰上什麼事，他都認為情況一定會好轉，完全不去思考情況惡化時的對策，落得現在受困於此。」後人很難判斷薛克頓的想法是對是錯。照說，他那麼在意屬下的情緒，而眾人的不滿應該也逃不過他的眼睛，何況他不是那種為了面子而死不認錯的人。薛克頓應該是根據倫理標準，仔細評估後才堅持不肯把食物的儲藏量加大。他一向關心士氣問題，但由於沒有任何一名水手留下日記，所以後人無從理解他們當時的心情。

從其他的文字記述中，隱約可以看出水手群在這段期間的意志消沈，而且惹出的問題比過去都嚴重；反觀隨隊的軍官和科學家，他們在出發之際就做好了心理準備，要在冰上過冬，會乘著雪橇出外探察。這一點，可由李思在諸事不順的第二次長征初始的想法得到驗證。「要不是對於未知的命運感到些許焦慮，我這輩子就屬現在最快樂，因為眼前的生活終於讓我體驗到存在的真實感，這是我多年以來夢寐以求的經驗⋯⋯。」他當初盼望的就是能親身體驗在史考特的英勇年代裡那種用人力拖拉裝備的史詩一般的磨難，這也是許多科學家加入遠征隊的原因。

但是水手群的情況全然不同。水手的生活重心在船上，但現在他們的船已葬身冰海；而儘管他們自願跟隨薛克頓南行探險，但是在他們的理解中，探險並不包括用盡全身力氣拖拉裝備前行這種苦修。水手群無法接受在冰上再過一個多天；他們希望早日搭船離去。

薛克頓最主要的目標就是要讓屬下團結一致，而也許正是為了達成這個目標，使得他做出一些顯然不合邏輯的決定。

2月底，對於這群飢腸轆轆的人來說，一群突然出現的小阿德烈企鵝成了上天最大的恩賜。大夥兒總共獵殺了三百隻企鵝。企鵝肉拿來吃，企鵝皮脂成了廚房爐子的燃料。氣溫開始降低，大夥兒抱怨，連躺在睡袋裡

也覺得冷。麥尼旭在日記裡表示：「我連著兩晚冷得睡不著。」薛克頓輪流探視各營帳的狀況，和帳裡的人聊聊天、朗誦詩歌，或打幾場橋牌。

葛士奇在日記裡寫道：「目前的食物幾乎全是肉：海豹排、燉海豹、企鵝排、燉企鵝、企鵝肝……熱巧克力早就喝完了，茶即將告罄……麵粉的存量也差不多了。」李思、廚子葛霖和薛克頓三人，每天為了菜單頭大，絞盡腦汁想讓菜色更合大家的胃口。只要海豹與企鵝肉的存量不成問題，便找藉口來慶祝各種「特殊節慶」，好打破一成不變的單調。

沃思禮在2月29日的日記裡寫道：「為了慶祝『閏年日』，也為了慶祝隊裡的單身漢得以躲過高貴的女士的求婚，我們今天三餐豐盛，每餐還附一杯熱飲，所以今晚大家都覺得被餵得很飽，感到很高興。」

浮冰漂流的速度又增加到每天2哩（約3.2公里）。到了3月初，遠征隊離保利特群島只有70哩（約112公里）。

3月7日，一陣南極暴風雪席捲而過，這是遠征隊在冰上生活以來雪下得最大的一次。天氣冷到無法閱讀也無法玩牌，大家只能縮在凍得像鐵皮般僵硬冰冷的睡袋中，擠在一起取暖。兩天後，眾人齊力把埋在四呎深的雪裡的雪橇和裝備挖出來，有人發現流冰群的狀況起了變化：冰下的海水面積有逐漸擴大的跡象。薛克頓在翌日召集眾人演練把物品裝載上船的動作，計畫好應變措施，以便在腳下

浮冰突然碎裂時能夠馬上反應。幾天後，他們所在的浮冰裂開了，但不一會兒又合攏起來。這時浮冰依然帶著他們向北漂去，離預定的帕默半島愈來愈遠。如今他們和保利特島的位置相同。

3月21日，冬季的第一天。陽光出現的時間漸短，天氣也更冷。3月23日，薛克頓看到西方有陸地的蹤跡。麥尼旭嘲諷的口氣裡帶著一絲得意：「船長對這個發現半信半疑，因為竟然不是他先看到陸地。過去這兩個月裡，他在瞭望臺上多次看走眼，錯把冰山當陸地，現在別人比他先發現陸地的蹤影，面子上有點掛不住。」但是薛克頓沒看錯，他的確看到了若微爾島（Joinville Island）島上參差不齊又覆滿白雪的山脊。這是眾人十六個月以來頭一次看到陸地。

賀理寫道：「如果浮冰裂開，我們可以在一天內航至若微爾島。」然而冰野依然沒有要碎裂的意思。流冰群中的浮冰依然緊緊相連，但是表面鬆軟，無法步行，彼此間的距離又太窄，無法供小船通行，而且整片冰野依然朝著北方流去。一日又一日過去，薛克頓靜靜看著他最害怕的事情在眼前發生。他們已經接近帕默半島的頂端；再過去，就沒有任何陸地了。

3月30日，遠征隊員射殺了僅存的雪橇犬，其中幼犬的肉被當作隊員的食物。大家並未因此顯露任何哀傷，只漠然接受必須以此存活的現實，也對幼犬肉的意外好滋味感到滿

意。此外，又有人獵到了幾隻大海豹，讓眾人終於在餓了兩星期後得以飽餐一頓。當初留作跨越南極的配給口糧還是不動，留作後備之用。

賀理在日記裡感慨：「這樣的生活催人老。」同一天晚上，也就是3月31日，營地所在的浮冰裂開，人與船分處兩邊。薛克頓派出所有人站「雙班哨」：全隊分成兩班，每班四小時，二十四小時輪值，但是分裂的浮冰在夜裡又合了起來。往後幾天強風不斷，大夥兒除了窩在睡袋中聊天外，啥事也不能做，而身下的浮冰不斷與周邊的流冰擠壓碰撞。李思被晃得發暈。

根據沃思禮的目測，營地所在的浮冰漂流得比風吹動的速度還快，顯示分散的流冰群現在是被強烈的洋流掌握。4月7日黎明，陽光映照下，眾人看見克萊倫斯島 (Clarence Island) 陡峭積雪的山峰；稍後，象島的峭峻高峰在北北西方出現。浮冰以不可思議的快速帶著他們向北，朝著這些島嶼直直前進。浮冰隨後倏然轉西，遠離兩座島嶼；後來又轉向東，兩座島嶼重新在前方出現。

每一天，薛克頓隨著情況變化而推演出不同的應變計畫。此處的野生動物種類繁多，海鷗、海燕和燕鷗在空中盤旋，還看得到鯨魚在流冰群的水縫噴水。

4月8日傍晚，營地所在的浮冰又裂開了，這一次就在「凱爾德號」的正下方。碎裂的浮冰形狀就像艘船，三個邊長分別是90碼 (約82公尺)、

100碼 (約82公尺)、120碼 (約109公尺)。

薛克頓寫道：「我覺得乘小船出發的時候就快到了。」4月9日，大家在早餐後拔營，準備裝載裝備上船。眾人一邊站著待命，一邊吃下最後一次豐盛的午餐。

下午一點整，薛克頓發出眾人期待已久的命令，準備出發。幾個月前就已經分配好各人的位置：

較大的捕鯨船「凱爾德號」由薛克頓和懷爾德指揮，同船的有柯拉克、賀理、赫胥、詹姆士、沃迪、麥尼旭、葛霖、文森、麥卡錫。

「達克號」由沃思禮指揮，船上是葛士奇、科爾、李思、麥克林、齊漢、馬思頓、麥里奧、賀尼士。

在最小也最不耐航海的「威爾斯號」上，有李金森、麥凱洛伊、郝華特、貝威爾、白博洛、史帝芬生，由哈德森與科林指揮。

下午一點三十分，大家把三艘小船推下水。突然間一陣大浪打來，周遭的流冰突然傾斜，冰縫間出現的是不規則的鋸齒狀水道。

貝威爾寫道：「頭一天下水，也是這趟遠征開始以來最冷兼最危險的一天。海冰與海冰瘋狂撞擊。很難把船保持在開闊水道裡……有好幾次千鈞一髮，在即將相撞的大塊浮冰間擦身而過。」

遠征隊一行人在封凍的冰野上受困長達十五個月。但是，真正的苦難才剛開始。

初踏上象島
1915年4月15日：在海上浮冰上漂流了四百九十七天後，第一次踏上陸地。
「老闆、船長、廚師和賀理登上『威爾斯號』，引導船上的人把船帶到岩灘的溪流……之後在科林的指揮下來來回回好幾趟。」
(沃迪，日記)

冰洋中的小船

1916年4月10日

昨晚，充滿緊張與焦慮的一夜——情緒緊繃的程度跟船毀那晚相當……

浪高風強，不得不登上一塊單獨在冰海中漂浮的流冰，盼上天保佑它在夜裡不會被浪打碎。

四十八小時不曾闔眼，全身濕透。暴風雪自東北狂捲而來，天氣嚴寒，處境悲慘……

不見陸地的蹤跡，只求這大自然的狂野能停歇。

——賀理，日記

再度展開航程的頭一天，薛克頓和隊員在黃昏時登上一塊約有200呎長 (約60公尺)，100呎寬 (約30公尺) 的浮冰上；這浮冰隨著浪湧而起伏。大約七點左右，黑夜早早來臨，所幸天氣還算不錯，氣溫在華氏18度 (約攝氏零下8度) 左右。吃過葛霖用獸脂爐煮出的熱騰騰晚餐後，大家各自回營帳就寢。

薛克頓寫道：「那晚不知怎的，總覺得心裡很不安穩，便在十一點左右起身走出營帳，四下看看寂靜的營地。我走過去要叫守夜人小心注意是否有冰裂的跡象，正當我經過營帳時，浮冰被巨浪的浪頭掀了起來，接著就在我腳下裂開。」薛克頓看見那道裂縫一路延伸到水手的帳底，郝華特和還在睡袋裡的賀尼士應聲落入水中。郝華特掙扎著爬回冰上，薛克頓抓住賀尼士的睡袋，趕在裂開的浮冰再度合攏之前，用力把他連人帶著睡袋拋回冰上。

那天晚上大家再也不曾闔眼。哈德森很慷慨，把自己的乾衣服借給賀尼士穿，賀尼士則喃喃自語，猶自為掉入海中的菸草感到心疼。大夥兒群聚在獸脂爐邊，薛克頓從當初為徒步橫越南極所準備的，不曾動用過的儲備糧食中撥出熱牛奶和史坦莫極地果仁蛋糕 (Streimer's Polar Nut Food)，發給所有的人。長夜裡，殺人鯨的噴氣聲不時從冰縫水道間傳來。

清晨六點，黎明終於來到，大家發現四周滿是鬆動的海冰。所有人切切等待一條能夠通行無阻的水道出現——這時一波巨浪打來，打碎了大大小小的流冰，李思形容那道巨浪的力道「足以打散一艘不小的小艇」。

好不容易大家終於在早上八點出發，風力漸強，海上吹來陣陣疾風，有時甚至出現八級左右的強風。大家奮力划著小船，頂著風穿過交錯的水道與冰縫，接著又穿過凍結已有相當時間的冰丘和流冰群外圍的碎冰。不出李思當初所料，遠征隊餐餐以肉為食的後遺症果然出現。在過去幾個月

裡，大家由於的碳水化合物的攝取量嚴重不足，所以操槳不一會兒便體力不支。

除了薄霧掩住了60哩外（約96公里）預定登陸的克萊倫斯島或象島，這天的天氣還算不錯。三艘超載而且操作不便的小船無法在航海的性能上再多加改進；其中，少了船帆的「威爾斯號」老是落在其他兩艘航海功能較強的船後，著實令人擔心。薛克頓原先下令三艘船必須隨時維持在揮手可見的範圍內，但這不容易做到。

三艘小船行在高聳壯麗的冰山間，向著流冰群的邊緣謹慎前進。沒想到，就在他們好不容易終於穿越流冰群，抵達寬闊的水域時，一陣完全沒有浮冰緩衝的巨浪迎頭打來；迫得薛克頓匆匆叫大家掉頭退回流冰群中。薛克頓不願讓小船在浪頭洶湧的海面冒險直接朝正北而去，便轉向西行，朝喬治國王島（King George Island）前進。

到了傍晚，三艘小船上的人全部聚集在一塊直徑20碼左右（約18公尺）的圓形浮冰上紮營過夜。夜裡風起，帶來一陣雪，遠征隊賴以棲身的浮冰在狂風掀起的巨浪中劇烈晃盪。隨著強風而來的陣陣浪頭打碎了浮冰的邊緣，但徹夜陪著守夜人麥尼旭並且不曾闔眼的薛克頓認為，情況尚不至使大家立即陷入危險，決定讓眾人繼續睡，或者該說讓他們繼續試著入睡。賀理的日記顯示，其實帳裡的人都明白，處境堪憂。

黎明時分，陰霾的天空下浪頭洶湧。不多時，天氣變得更惡劣，夾雜著雪花的狂風席捲而來。大塊浮冰在波浪起伏間一次又一次被掃向船邊。薛克頓、沃思禮和懷爾德三人，輪流爬上搖晃不定的冰山向遠處眺望，期待能在封凍的流冰群中找到水道，其他人則站在船邊待命。幾個小時過去，遠征隊所立足的浮冰與周遭的流冰不斷碰撞，變得愈來愈小。

「我最擔心的是，洋流會帶著我們穿過克萊倫斯島與喬治王子島（即後來的喬治國王島）之間的80哩（約128公里）寬海面，進入遼闊的南大西洋，」薛克頓寫道。到了中午，風雪減弱，終於等到一條水道出現，三艘小船立刻下水。這天出發得晚；眼看五點左右就天黑，能夠航行的時間實在不多，直到夜幕低垂，他們還在流冰群中打轉。一如前幾晚，遠征隊找到一塊合適的大塊浮冰紮營過夜，廚子葛霖把獸脂爐擺在冰上開始準備晚餐。不過眾人一看即知，這塊浮冰撐不到晚上，薛克頓不得不讓大家在船上過夜。

斷斷續續划了幾個小時後，三艘小船找到一塊龐大而且凍結已有相當時日的堅厚浮冰，在背風處並排繫留過夜。

薛克頓寫道：「連綿不斷的雨和漫天風雪遮蔽了天上的星星，個個淋得濕透。海燕的身影偶爾如鬼魅般出現，輕巧閃過。四周傳來殺人鯨的噴水聲，那短促尖銳的嘶嘶聲聽起來好像蒸汽突然冒出的聲音。」一群殺人鯨在三艘小船附近悠游徘徊，漫漫長

夜裡，黝黑而光滑的背脊在小船邊徹夜不曾離去——殺人鯨在船邊的漆黑海水中緩緩浮起的影像，成為眾人的回憶當中最駭人也永遠揮之不去的一幕。在冰上漂流多月以來，大家已見識過這龐大巨獸擊碎巨大浮冰的威力。至於牠們到底會不會攻擊人類，沒有人知道。對遠征隊員而言，殺人鯨是自然界的傑作，神祕而邪惡，與爬蟲類動物類似的雙眼令人不寒而慄，眼中顯露出哺乳類動物所具備的高等智慧，讓人難安。眾人暈船卻不得安眠，只能無奈置身於流冰與鯨魚之間，承受無止境的碰撞。

對於眾人在翌日清泠黎明時的狀況，薛克頓只簡單表示大家「疲態漸露」。他向大家保證，一定有頓熱騰騰的早餐可吃；眾人操起槳來尋找一塊合適的浮冰，他們身上早已凍硬的外衣隨著操槳的動作吱嘎作響，衣上的碎冰片應聲四散。早上八點，「廚房」在一塊浮冰上開伙；早上九點，全體再度出發。成千上百隻海豹躺在被陽光映照得呈粉紅色的浮冰上，懶洋洋曬著太陽。

自從離開耐心營地到現在，三艘小船一直朝西北方前進。趁著天氣還可以，沃思禮在稀微的陽光下靠著「達克號」的帆桅穩住重心，做了乘小船出發以來第一次的正午方位觀測。大家對於所推進的哩程數期望很高。沒想到，測量所得的結果比任何人的想像都還要糟。

「失望透頂，」沃思禮寫道。努力划了半天卻一點也沒往前進。非但如此，反而還向著西南方倒退少許，比原先在耐心營地的位置還偏東30哩(約48公里)，偏南11哩(約17.6公里)。原來，隱匿在巨浪下的強勁洋流，在不知不覺中帶著小船向東而去，再加上在流冰群的曲折水道間迂迴前行，使得大家的方向感盡失。

薛克頓試著把事情淡化，只對大家說目前的位置「沒有想像中好」。那時是下午三點鐘，黃昏在五點左右來到。在西邊的喬治國王島和幻象群島 (Deception Islands) 現已遙不可及。北方的象島是目前距離最近的島嶼，卻位於流冰群外，在浪濤洶湧的大洋中；在他們身後的西南方，海面平靜，130哩 (約208公里) 外有帕默半島頂端的希望灣 (Hope Bay)。薛克頓與沃思禮及懷爾德討論，決定趁吹西北風的時候掉頭，朝希望灣前進。

到了夜裡，遠征隊的三艘小船又到了一片波浪起伏的海域，四處是破碎浮冰。天氣更冷，也更濕，和前一晚一樣，他們找不到足夠讓眾人紮營過夜的大塊浮冰。事到如今，三艘小船只好成一列前後栓繫，在一大塊流冰的背風處下錨過夜。

晚上九點，風向轉變，吹開了雲層，明亮的月光一灑而下，但風也吹得小船和邊緣參差不齊的浮冰碰撞再碰撞。當先的「凱爾德號」急忙切斷了前頭的繫船索，離開原先繫留的浮冰，眼看四下再也沒有可供繫留之處，三艘小船就在滿是碎冰的海中飄盪一夜。溫度愈降愈低，海面結起了一層冰。

三艘船上的隊員冷得擠在一起發抖，有人試著利用片刻的空檔睡覺；但大多數的人寧可繼續划船，或是擋開朝著他們而來的碎冰，只要能讓凍得發僵的手臂動一動都好。

　　薛克頓寫道：「偶見雪花從幾乎是一片清澈的空中飄下，無聲落在海上，為我們也為小船覆上一層薄薄的白色。」唯一分配到整套防水油布衣褲的人，是「達克號」上的李思，但不論其他人好說歹說，他就是不肯拿出來與隊友共享。從他的鼾聲聽來，他是那少數還能夠入睡的人之一。

　　黎明終於和迷濛的霧相偕來到，結束了漫長的一夜，大家發現小船的裡裡外外都裹上了一層冰。夜裡的氣溫降至華氏零下7度 (約攝氏零下22度)。趁著大家用斧頭把冰鏟去的當頭，薛克頓發下肉塊給大家吃。

　　「大部分的人看來都一副筋疲力竭的模樣，臉上滿是海鹽結晶，嘴唇乾裂，眼瞼與雙眼通紅……我們必須盡快著陸，我決定朝著象島去。」

　　風又轉向，從東南方吹來。薛克頓決定再次調整行進方向，而且不計代價，一定要登上最近的島，因為他體認到現下最需要保住的是大家的寶貴性命。在這樣的緊要關頭上，他不再有謹慎行事的餘地。

　　三艘小船順著風朝著象島前進，每艘船的船首派一個人專門負責擋開成塊的碎冰，其他人則奮力划著船，在佈滿薄冰的海上沿著曲折的水道前進。風力逐漸增強，三艘小船又來到流冰群的外圍，在中午時來到一片深藍的開闊水域。趁著太陽當空，風向吹得對，風又大，大家奮力朝著目標前進。

　　到了下午四點，風力再度增強，強風掀起巨浪打入船裡，眾人更陷入苦戰。「威爾斯號」並未加高舷緣，海水打濕了船裡的人和糧食。薛克頓在「凱爾德號」上感到有必要稍事提振士氣，便撥下額外的食物給所有人。有人暈船暈得很嚴重，無福消受這意外的獎勵；還有些人因為吃了生的狗食而腹瀉，不得已，只好在起伏的船上盡量穩住重心，面朝內坐在舷緣上，向外「解放」。

　　薛克頓早先要三艘船維持在相互可及的距離內，不過這項命令愈來愈難遵從。「威爾斯號」內進水，水深及膝，過去曾在冰冷的北大西洋勇敢討海的賀尼士，現在是悲懼交加，不禁掩面而泣。

　　在「達克號」上掌舵的沃思禮趕上「凱爾德號」，建議薛克頓連夜向陸地前進；但素來不願輕易失去手下任何一員的薛克頓顧慮到，夜間行進可能導致三艘小船在漆黑的海上失散，又深怕小船在黑夜裡越過預定登陸的島嶼而渾然不覺，便下令找尋背風處過夜。這個決定做得實在不容易。

　　薛克頓對此輕描淡寫：「我不知道大家撐不撐得過今晚。」在眼前的重重困境中，最大的問題是缺水。遠征隊員通常在「紮營」時融冰儲水，但是前晚由於浮冰轉向，大家倉促間拔營上船，因此來不及準備飲水。陣

陣浪花打來，眾人的臉部滿是結晶海鹽，嘴部浮腫，嘴唇乾裂流血。敷上冰凍的海豹肉是大家暫緩痛楚的唯一慰藉。

大家把用帆布與船槳紮捆而成的船錨拋進海裡，準備在小船裡渡過第三個晚上。在必須使盡力氣與波濤搏鬥的白晝裡，在漆黑難熬的漫漫長夜中，三艘船上的三組舵手：懷爾德與麥尼旭，哈德森與科林，沃思禮與葛士奇，就算大浪迎頭打來，即使全身衣物凍僵，儘管強風刺痛了疲憊的臉龐，依然堅守崗位，紋風不動。

狂風在夜裡逐漸止息，黎明時，徹夜不得好眠的一群人，看著在東方升起的太陽為海天的盡頭帶來一抹淡紫色；克萊倫斯島就在正前方30哩(約48公里) 遠，島上覆滿白雪的山峰在黎明的陽光中閃爍。

稍後，太陽高掛空中時，象島出現了，方位與沃思禮早先推算的絲毫不差，就像薛克頓說的：「白天裡繞著曲折的途徑穿過流冰群，夜間聽憑風與浪的慈悲隨波逐流，再加上這兩天的精準估算，才能到達目的地。」象島的地勢較為平坦；而且走向逆風，即使小船第一次嘗試登陸不果，也還可以選擇位於下風處的克萊倫斯島再試一次。

在船裡再過一夜，究竟還是要付出代價的。

根據懷爾德的估計：「至少一半的人都精神錯亂了，還好他們只是感到無助和絕望，並沒因此變得凶暴。」

「威爾斯號」駛上前來，與「凱爾德號」並行，向薛克頓報告：哈德森在掌舵七十二小時號終於不支，另外白博洛報告說他的腳「有點兒不對勁」。

由於大家長時間浸泡在含有鹽份的海水裡，許多人的身上長出疔瘡，身上還有多處嚴重的擦傷，口部因乾渴而陣陣作痛。趁著大風歇息，大家強忍著雙手長滿水泡的痛楚，繼續操槳向前划。

下午三點鐘左右，三艘小船離陸地只有10哩 (約16公里) 遠，象島上陡峭的冰河與堅冰覆蓋的高山，清楚映入眼簾。小船在此時碰上一股強勁的潮流，一時間無法再往前進。大家盡全力再划了一個小時左右，依然沒有半點進展。

下午五點鐘，西北方雲層低厚的天空逐漸暗了下來。不久，暴風雨來襲。看來今天終究不得登陸，只能在隨浪顛簸的船上再過一夜。

沃思禮寫道：「置身於波濤洶湧起伏的海中……浪頭從兩個不同的方向湧來，對小船來說，這比面對一波波來自同一方向的強風巨浪更加危險。我們的小船在浪濤中無法靜止，在這種情況下掌舵，可是門大學問。」

這時，三艘小船都必須不斷把船內的積水舀出船外；飽受重創的「威爾斯號」上共有八個人，其中已有四人完全無法工作，只剩下科林掌舵，由麥凱洛伊、郝華特和貝威爾三人為了自己也為同船夥伴徹夜拼命向船外

象島上
「凱爾德號」、「達克號」，
與「威爾斯號」，
平穩停靠在象島的
華倫泰角岸邊。
大家協力把「凱爾德號」
拖到地勢較高處；
圖中可見兩人
坐在船的左邊，
其中一人坐得較遠，
兩人中應有一人是因凍傷
而不良於行的白博洛。
比船隻更靠陸地處，
卸下的補給品四散。

昏水。「凱爾德號」上，麥尼旭接替懷爾德掌舵，但累得在崗位上打起盹來。屹立不搖的懷爾德未曾更衣，再次回到掌舵的位置，「他堅定的藍眼睛，」薛克頓在日記裡帶著兼具關懷與驕傲的語氣寫道，「直直迎向即將來臨的一天。」

「達克號」上的齊漢在午夜時聽到船尾發出裂聲，船上的人連忙把補給品移開。葛士奇縮著身子躲在一頂帳篷的帆布下，好不容易點燃了一枝火柴，讓沃思禮可以快速向他的小羅盤瞄上兩眼。過了一會兒，有人注意到沃思禮似乎對別人的話充耳不聞，只見他的頭愈垂愈低。大家好不容易才說服他把舵交給葛士奇，但他的身

軀已因長時間彎腰握著舵柄而僵硬到回不了身的地步，還得先靠大家幫他按摩僵直的肌肉，才能平躺在船底休息：沃思禮已經九十多個小時沒有闔眼睡覺。

薛克頓回憶：「這一夜真是難挨。」「凱爾德號」用繫船索拖著載浮載沉的「威爾斯號」，但「威爾斯號」仍不時在巨浪打來時失去蹤影，稍後又被波峰帶著在黑暗的海上出現。狀況最糟糕的「威爾斯號」到底撐不撐得下去，端視它能不能與「凱爾德號」保持相連，薛克頓也因此徹夜坐在「凱爾德號」上，握著因夜裡結冰而愈來愈重的繫船索不曾放鬆。想必他的體力也近乎透支。

李思寫道：「爵士可以說是從航程開始以來就日夜佇立在船尾。真想不透他怎能打直身軀連日守夜。」薛克頓從離開耐心營地後就不曾入睡。

突然間，一陣強風帶著雪花捲來，三艘小船彼此看不到友船的蹤跡。風雪過後，「達克號」不見了。對薛克頓來說，這大概是此趟航程中最糟的時刻。

好不容易等到黎明，濃霧遮住了「凱爾德號」及「威爾斯號」上眾人的視線，使得他們連已經來到象島的峭壁下都不自覺。大家緊張的沿著險峻的海岸線航行，直到早上九點鐘，發現在島的西北端長年歷經浪頭拍打的礁岩後，有塊狹窄的海灘。

薛克頓寫道：「這個登陸地點不甚理想，但我想大家都必須勇敢面對可能發生的險境。兩日兩夜滴水未進，沒有半點熱食，已經對大部分隊員造成重創。」薛克頓自己的喉嚨和舌頭都腫到只能以氣音輕聲說話，再由懷爾德或賀理把他的命令傳達下去。薛克頓登上「威爾斯號」，決定先把它引導上岸——就在此時，「達克號」在浪頭起伏的海上出現。

薛克頓寫道：「『達克號』的出現讓我心中放下一塊大石頭。」

「威爾斯號」在礁岩群中找到合適的開口，仔細調整船的方位後，順著浪頭，一股作氣越過礁岩，登上佈滿砂礫的沙灘。薛克頓吩咐，最年輕的白博洛應該享有領先踏上象島的光榮；但是白博洛紋風不動。

象 島

華倫泰角
(Cape Valentine) 之名，
大概是十九世紀初，
一群發現南雪特蘭群島
(South Shetland)
的海豹獵人兼探險家在華倫泰日
(Valentine's Day，即情人節)
這一天經過此地而得名。
「四周是我畢生所見的
絕佳美景。
崖壁如鋸齒般參差起伏，
拔高千餘呎直入雲霄的
陡峭懸崖上，散佈著沿裂縫
層層垂落入海的冰河。
四處盡是一片片
100呎至180呎高的藍冰
(集結時日已久的冰)。」
(賀理，日記)

4月17日，薛克頓
帶著隊員重新登上小船，
划到距離原先登陸點
以西七哩的另一處海灘。
大家稱此地為
「懷爾德角」(Cape Wild)，
一方面紀念
懷爾德「發現」此地，
另一方面也徹底表露
此地天氣的「狂野」
(wild此字的英文原意)，
私底下水手群更不客氣，
管此地叫
「該死的懷爾德角」。
就在遠征隊抵達的次日起，
暴風雪連吹五天方休。

「為了避免延誤，我從側面拉了他一把，也許我的動作太粗了點，」薛克頓寫道。「他下船後立刻坐在被拍岸海水打濕的沙灘上一動也不動。突然間我才想到，我竟然忘了白博洛的雙腳都嚴重凍傷。」

「達克號」緊接在「威爾斯號」後面靠岸，而「凱爾德號」由於吃水深而無法駛近岸邊，只好先由大家來回接力，卸下船上載運的補給品以減輕重量，才穿越過礁岩，停靠在其他兩艘小船旁邊。

大家蹣跚的踏上陸地。賀理掏出口袋相機，捕捉小船著陸和大家在象島首次用餐的寶貴鏡頭。

薛克頓寫道：「有些人在沙灘上相擁跳起蘇格蘭雙人舞，好似他們在這杳無人煙的荒島上找到了喝不完的酒似的。」薛克頓帶著困惑但慈愛的口氣，描繪大家面對新環境時近乎滑稽的情景；但其他人的日記陰沈沈指

出這趟航程對大家所造成的傷害。賀理在日記裡寫著：「許多人出現短暫的精神錯亂，在沙灘上茫然遊蕩；也有人像是癱瘓似的顫抖不止。」

麥尼旭則用一貫的直率口氣寫道：「哈德森已經瘋了。」有幾個人在口袋裡裝滿石頭，也有人在滿是砂礫的海灘上滾來滾去，把臉埋在岩礫及碎砂中，抓起整把的碎石灑在頭上。

沃迪寫道：「『威爾斯號』上只剩兩個人可以正常工作。有幾個傢伙已經半瘋了：有個人拿著斧頭連殺了約莫十隻海豹才停手……我們『凱爾德號』上沒人嚴重到這個地步。」

這一行二十八人分乘三艘沒有甲板層的小船，在浪濤洶湧的南大西洋裡航行了七天；在此之前，他們在糧食與遮蔽物皆不足的情況下，棲身於南冰洋裡的大塊浮冰上，隨波逐流了一百七十天；而從1914年的12月5日以來，他們已經有四百九十七天不曾

踏上陸地。連著吃了幾頓海豹排大之餐後，大家把睡袋攤在堅實的地上過夜。

貝威爾回憶：「那夜我沒睡多久，只是躺在濕漉漉的睡袋裡放鬆自己。實在很難相信自己又重回可愛的陸地。我在夜裡起身幾次，與其他和我一樣興奮得睡不著的人聊天。一夥人圍聚在營火邊，吃吃喝喝，抽著菸談過去的冒險經歷。」

大家旋即領悟，原來抵達象島那天的天氣是出奇得好。這座島嶼解救眾人脫離了隨浪浮沈的苦難，不過環境之惡劣地卻是世上少見。停著三艘小船的狹長沙灘上滿是礫石，並不能為他們遮擋多少風浪。

登陸後的翌日早晨，懷爾德偕同馬思頓、科林、文森和麥卡錫等人，乘著「達克號」，沿海岸線尋找更適合紮營的地點。懷爾德在天黑後帶回消息，往北海岸再走7哩（約11.2公里）處有塊不錯的地方。

17日，天剛破曉，疲憊的眾人把卸下的糧食補給品再度搬回船上，留下許多箱的雪橇口糧，高疊在岩石邊。大家都沒力氣再把這些儲備品搬上船，而且倘若不幸還需要再度乘船前往其他島嶼，這些留下的儲備至少可當作屆時在船上的救難口糧。大家把三艘船推下水不久後，強風再起；小船隨時有被吹向大海的危險。

沃迪寫道：「繞過了我們稱做『古堡』的岩石，總算到了目的地。這短短的路程讓我覺得比先前那趟海上歷程還要累。」

新營地的沙灘依然多砂礫，面積較為寬廣，但仍不甚理想。

賀理寫下自己抵達新營地時的感受：「如此險惡不宜人居的海岸真是前所未見，高大的海岬在滔滔巨浪後矗立，如此漆黑猙獰，如此險峻陡峭，彷彿是從天邊懸垂而下。話說回來，此處野生動植物眾多，四處可見到海豹、巴布亞企鵝（gentoo

「如此險惡不宜人居的
海岸真是前所未見。
然而，覆著點點白雪，
隱藏在雲層後的險峭懸崖
卻也有一分
深遠的壯觀氣勢……
我想到的是賽維斯的詩句：
大地滿蘊蠻荒之美，
邊界隨人能耐收放。」
（賀理，日記）
賽維斯（Robert William Service,
1874-1958），
英國裔的加拿大詩人，
曾有詩篇描寫
阿拉斯加的育空地區（Yukon）
的人與生活。

penguins，又稱間投企鵝) 和頜帶企鵝 (ringed penguins)，淺水灘裡還有笠貝，不過沒看到此島因之得名的『象海豹』。」

「許多人還是無法正常工作。其中情況最危急的是嚴重凍傷的白博洛，哈德森也受到凍傷，腰部還有莫名的疼痛，而我們懷疑李金森心臟病發作了一次。其餘的病號則只是單純的『累垮了』。」

吃了海豹排，喝了不少熱牛奶後，大家盡可能退到岸上的潮線以上，撐起脆弱不堪的帳篷，鑽入潮濕的睡袋裡過夜。然而，夜裡暴風雪來襲，最大的那頂帳篷在瞬間被撕裂成布絮，其他幾頂營帳則全被吹倒。有些人躲進小船裡；有些人則乾脆躺在倒塌的營帳底下，任憑又冷又濕的帆布垂在他們的臉上。

強勁的風把上了岸的「達克號」吹得打了個轉——李思相當驚訝：「這船可實在不輕哪。」不少珍貴的裝備，包括鋁製鍋具和一袋備用的保暖內衣，都在突如其來的風暴中被吹得不知去向。

4月19日早晨，暴風雪狂襲不歇，大家在薛克頓分送早餐到各營帳的動作中醒來。

沃迪寫道：「老闆實在太好了；鼓舞人心，比誰都有朝氣。」就目前來說，至少食物不虞匱乏，所以大家的肚子裡都裝了不少肥肉和海豹排。由於大廚葛霖也是無法正常工作的「病號」之一，因此賀理、柯拉克和葛士奇自願充當臨時廚師。

遮風擋雨的棲身之處仍不可得，大家的睡袋全被融化的雪水浸得濕透。他們的體溫不只融化了四周的積雪，還融化了睡袋所壓著的長年累積且散發惡臭的企鵝糞便。

這群人幾個月以來朝思暮想，盼著重回陸地；為此，大家在驚濤駭浪中乘著小船渡過漫長的幾天。但現下眾人體認到無情的現實：從登陸至今所經歷的艱辛並非一時的異常，惡劣的天候亦非短暫的偶然；大家就是必

須在這樣的情況下渡過在象島的每一天。面對如此殘酷的環境，水手群在4月19日悄悄展開無言的反抗。

薛克頓在日記裡提到：「有若干成員出現士氣渙散的跡象。」這些人忘記在睡前把手套和帽子收進衣衫內，結果隔天早上起來，這些保暖配備全都凍得硬梆梆──如薛克頓所言，這舉動顯示出「水手出了名的輕率」。他們拿這個當成不工作的藉口。

薛克頓寫道：「只有用激烈的手法才能誘導他們重新打起勁兒工作。」水手群究竟發生了什麼事？就像過去在耐心營地時一樣，眾人的日記透露出大家對這件事的反應頗有出入。「隊裡有些人……變得意志消沈，」懷爾德寫道，「而且抱持著『又有什麼用』的態度，非要人硬逼著才肯做事。」沃迪則在日記裡用幾乎是順帶一提的口氣寫著：「沮喪的水手被人拖出睡袋，要人盯著上工。」但是賀理在這天的日記裡是用尖銳的話語斥責水手：

> 大家已經在此建立固定的營地，我回顧從冰上逃離的難忘經驗與水手的行徑……很遺憾的，許多人的表現缺乏紳士風度，有辱英國水手的名聲……我相信如果任其中某些人在這島上自生自滅，他們不是會餓死就是凍死，因為他們對自己的裝備毫不重視，竟然任由裝備被埋在雪裡，或是聽任其被狂風席捲而去。那些規避勞務或不知面對現實的傢伙根本不應附和。這裡的環境險惡艱難，人人都必須全神貫注，所以每個人都當盡力讓自己成為隊上有效率而且有用的一份子。

4月20日，薛克頓宣布要划著22.5呎長的「凱爾德號」，前往八百哩外的南喬治亞島求救。麥尼旭立刻動工加強船的性能，以應付日後航程。4月21日，麥尼旭在日記裡寫道：「所有人都忙著獵捕企鵝，剝企鵝皮和儲存企鵝肉。有人在修裝備，為甲板縫補帆布。我、馬斯頓和麥里奧忙著加強凱爾德號的性能……有五個人掛病號，有人心臟有毛病，有人凍傷，而我有點頭暈。」這張照片的底片經過修描，但只是為了讓褪去的影像顯現，並沒有更動影像。

英國皇家海軍後備隊上尉，
「船長」沃思禮（左）
薛克頓選擇
六人小組成員時非常謹慎。
沃思禮領導三艘小船
安全登上象島的表現非凡，
他曾在紐西蘭國家蒸氣船隊
跑過太平洋航線，
並在此期間學會駕駛小船
及引領船隻在小島靠岸。

科　林（右）
懷爾德希望科林留在象島幫忙
薛克頓則希望
科林乘「凱爾德號」同行。
每個人都知道，
這位在史考特最後遠征中
因表現英勇而獲頒
艾伯特獎章的水手，
是達成各項任務的寶貴助力。
科林就是扎扎實實的
打不倒的硬漢。

所以，薛克頓在隔天，也就是4月20日，召集眾人宣布重大決定，此舉並非巧合：他將於近日內帶領一組人乘著「凱爾德號」前往南喬治亞島的捕鯨站求救。對於才剛抵達象島的遠征隊員來說，未來的這趟旅程有多麼艱辛自是不言而喻。南喬治亞島遠在800哩（約1280公里）之外——比他們前幾天所經歷的航程還要長好幾倍。只有22.5呎長（約6.8公尺）的小船，要在南半球的冬季穿越地球上最險惡的大洋，才能抵達南喬治亞島。這組人要面對陣風時速可高達80哩（約128公里）的強風，要面對惡名遠播的，由波谷至波峰高達60呎（約18公尺）的洶湧翻騰的合恩角（Cape Horn）滾浪；萬一運氣不好，情況可能更糟糕。在象島與南喬治亞島之間沒有別的陸地，他們只能帶著六分儀

(sextant) 和天文鐘 (chronometer)，在陰沈的天色下，可能連一次方位偵測都無法成功進行，就這樣航向大洋中的另一座小島。這趟旅途不僅無比艱難；隊裡經驗老到的討海人都知道，這根本就是不可能達成的任務。

麥尼旭在日記裡寫道：「一個六人小組要乘著凱爾德號前往南喬治亞島。成員包括：

薛克頓爵士
船長
科林
麥尼旭
麥卡錫
文森」

從這簡短的文字不難察覺麥尼旭對於自己雀屏中選所感到的驕傲。薛克頓宣布他向南喬治亞島前進的計畫

後，把麥尼旭召到一旁，檢視「凱爾德號」的狀況，問他可否加強它的航海性能。

薛克頓記道：「他先問我，他是否將與我同行，我回答『是』，他聽後顯得相當高興。」對於新的挑戰，其他被選中的人似乎除了面對現實的決心與欣慰之外，並沒有太特別的反應。事實上，科林幾乎是央求薛克頓帶他同行，但懷爾德希望科林留在象島幫忙。其實，薛克頓大可聽從李思強調了好幾次的辦法，就在象島靜待冬天過去，再試圖循原路回到幻象群島附近的捕鯨海域——但這麼一來，大家就要多等幾個月，經歷更多未知。此外，既然薛克頓已經採取了行動，帶領大家進行小船的航程，照目前的情勢看來，他也沒有再走回頭路的道理。

麥克林寫道：「薛克頓坐得直挺挺的，作風絲毫不變，和在耐心營地時沒兩樣。」而且老闆現在比過去更留意水手的狀況，他必定考慮到，再一次的漫長等待會導致士氣渙散，因此絕不可行；就心理層面來說，即使是提出難如登天的目標，也比毫無目標來得好。

「凱爾德號」六人小組的成員是經過仔細挑選的結果。沃思禮至今的表現，證明了他是優秀的航海人。麥尼旭不但是優秀的造船匠，更是個好水手；撇開他在冰上的短暫反抗不提，麥尼旭與科林、文森和麥卡錫（及馬思頓與賀理）等人在小船歷險途中表現優異，同列薛克頓特別表揚的

名單。此外，薛克頓又一次把可能會為團隊製造麻煩的文森和麥尼旭都納入自己的監督範圍。至於科林，薛克頓相信不管屆時情況如何演變，路程有多麼艱苦，科林一定會堅持到底。

天氣依然惡劣，但所有狀況良好能夠工作的人，都齊力打點即將遠行的小小船。往後的幾天裡，狂風呼嘯而過，大雪飄下，麥尼旭仍工作不懈，努力修補因海冰在船首吃水線上方所造成的破洞。他還打算建造一層克難的「甲板層」。他手邊可用的木材包括由「達克號」取下的木板和其他零星木料，但這樣不足以搭成一整片的甲板，所以他改以這些材料釘出甲板外框，在框上面覆蓋一層帆布。

麥尼旭寫道：「齊漢與麥卡錫忙著把帆布撐平鋪在甲板框上，可真是吃盡了苦頭，因為帆布凍硬了。」他們在爐上一呎一呎為帆布退冰，好讓因為天氣寒冷脆弱不堪的針，能夠在鑷子的幫助下穿過厚實的帆布。帶著濕氣的大雪下了一整天，大家也工作了一整天，有人意外聽到素來堅強樂觀的懷爾德說，如果天氣再這樣下

1915年，
「堅忍號」水手長修補魚網
文森過去曾在北大西洋的拖網漁船上討海，是「堅忍號」遠征隊裡體格最強健的人。他恃強凌弱的作風造成水手間的不和，但是他在第一次登陸象島的航程中，表現得比大多數人都好。薛克頓看中他的體力與討海的經驗，選中他擔任六人小組的一員，另一個原因則是避免他留在象島製造事端。

去，「隊裡有些人絕對撐不下去。」4月22日，麥尼旭在工具不多，雙手又凍傷的情況下，完成了加強「凱爾德號」性能的工作。

暴風雪終於休止，不過眾人圍著「凱爾德號」欣賞麥尼旭的精湛手藝時，雪花飄個不停。

李思寫道：「木匠在材料嚴重不足的情況下，奇蹟似的以克難方式完成了任務。他把『達克號』的桅杆綁在『凱爾德號』的龍骨上，使『凱爾德號』的船身變得更加結實。」「凱爾德號」現在有兩根桅杆：加上四角帆和船首三角帆的主桅，以及加上了四角帆的後桅。

天候惡劣，使得「凱爾德號」在接下來的兩天裡無法出發。不過，4月24日的天氣溫和，薛克頓決定讓「凱爾德號」下水。

由於「凱爾德號」沒有壓艙物，只好用1500磅重（約700公斤）的以毛毯裝砂礫做成的沙包，外加500磅重（約230公斤）的大石頭來壓艙。沃思禮認為壓艙物太重，擔心船會因此而吃水很深，甚至進水，因為凱爾德號」的舷只有兩呎兩吋（約66公分）高；但是薛克頓擔心，要是小船過輕，很容易在即將面對的巨浪中傾覆。「凱爾德號」上帶著四支槳，以及賀理在海洋營地時利用「堅忍號」的羅盤針箱所做的一個抽水唧筒。此外，船上還帶了許多袋的獸脂油，好在海面不平靜時倒在海上，避免碎浪打來。

船上儲存了兩桶融化的冰水和其他補給品。根據賀理日記的記載，這些補給品包括：

三十盒火柴

八加侖汽油

一罐烈酒

「凱爾德號」下水
「凱爾德號」的甲板鋪層於4月24日早上完成，由於天氣還不錯，薛克頓決定盡快出發。照片中大家齊聚在船邊，準備讓船下水。負責分趟運送補給品的「威爾斯號」停在右邊。

十盒燃料

一盒信號棒

兩口爐和若干爐具

一個萬用鍋

六個睡袋

備用衣物 (衣褲等等)

食物則包括：

三箱雪橇口糧 (三百份)

二箱果仁蛋糕 (兩百份)

二箱小麵包 (每箱三百個)

一箱方糖

三十小包奶粉

「凱爾德號」下水
「4月24日星期一，天氣很好，
天剛破曉我就開始工作，
早上十點完工，
接著所有人集合，
我們就讓它下水。」
(麥尼旭，日記)

「正推船下水時，
一陣大浪打來，
由於一時間閃避不及，
浪頭把船打翻，
船上的我和文森被拋下水。」
(麥尼旭，日記)

「費了好一番功夫去避開
海岸邊像迷宮般的礁岩。」
(賀理，日記)
「凱爾德號」有兩支桅杆，
雖然沒有任何船帆的照片
或文字描述，但一般推測，
用的是斜桁四角帆，
也就是在桅杆上
用一根斜桁撐起的四角帆。

一罐保衛爾濃縮牛肉湯晶
一罐調味鹽
三十六加侖水
一百一十二磅冰
器材則有：
六分儀
雙目望遠鏡
羅盤
油布袋的獸脂
錨
航海圖
釣魚線和魚鉤
針線
一點點做魚餌用的獸脂
鉤篙
晴雨表
此外，薛克頓帶了他的雙管獵槍和一些子彈，外加兩把斧頭。麥尼旭帶了木工手斧和其他幾種工具。

根據估計，他們所帶的食品約莫可供四星期用。薛克頓寫道：「如果屆時我們還到不了南喬治亞島，我們大概也已葬身海中。」他們所帶的航海圖，是沃思禮在棄離「堅忍號」前從船上的書裡撕下來的。

如果這次求救行動失敗，懷爾德奉薛克頓的命令，要在來年春天利用剩下的兩艘小船向幻象島前進。同時，所有留在象島上的人都必須聽從懷爾德的指揮。懷爾德本來也和科林一樣，苦苦哀求薛克頓讓他同行，但不論是在象島或其他地方，薛克頓再也找不到比懷爾德更能讓他信賴的人。他深知懷爾德願意隨同自己經歷一切苦難。薛克頓和懷爾德兩人在臨行前徹夜長談，薛克頓向懷爾德交託各項臨行前的指示，沈著的懷爾德，靜靜的，一一接受。

他們把「凱爾德號」帶到礁岩以外的海上，再利用「威爾斯號」一趟趟把糧食與備品運到凱爾德號，留下的人毫不客氣的向即將出發的幾人開玩笑。

沃思禮寫道：「不少人都很關心……要我在重返文明時舉止多加注意，免得遭人非議；他們對科林盡說

大家用「威爾斯號」載了
兩千多磅的沙包和大石頭
到「凱爾德號」上供壓艙用。
照片中，大家用接力的方式，
把裝滿砂礫的沙包
(用毛毯做成)
搬運到被眾人身影擋住的
「威爾斯號」上。
「凱爾德號」此時依然繫留在
離岸不遠處，等著裝載備品。

些想讓他臉紅的話。但要讓科林臉
紅，就像要狗把嘴裡的骨頭放下一樣
難。」沃思禮趁著太陽難得露臉，地
平線清晰可見，利用出發前的早晨調
整他的天文鐘。

　　大浪不斷，正在搬運補給品的馬
思頓、葛士奇、科爾和懷爾德，腰部
以下都被浪頭打濕。準備出發時的一
個小意外，差點讓這趟旅程夭折：就
在六人站在凱爾德號裡接過「威爾斯
號」運來的備品時，「凱爾德號」晃
盪得非常厲害，差一點傾覆，把船上
的麥尼旭和文森拋入水中。其他人自
願用乾衣服換下兩人身上的濕衣，但
麥尼旭婉拒了好意，因為他只有褲子
被弄濕；而全身濕透的文森雖然和郝
華特交換了長褲，卻不肯脫上衣。

　　「文森不肯換下濕透的上衣……
箇中原因引起許多不好聽的臆測，很
多人都一口咬定說他一定藏了不少別
人的東西在身上。」郝華特換來的濕

長褲過了兩星期才乾。薛克頓對這個
小意外大感難過，他知道，留在象島
的人會把這件事視為不祥的兆頭。

　　一片沿著北海岸凍結起的海冰在
幾天內持續向東延伸。薛克頓深怕海
冰很快就會環繞全島，使得船進出不
得，所以急著盡早出發。薛克頓和懷
爾德抽完臨行前的最後一支菸，與眾
人一一握手後，由「威爾斯號」把他
運到在海上等候的「凱爾德號」；十
二點半，沒有任何出發的儀式或演
講，一段偉大的旅程就此展開。

　　麥尼旭寫道：「我們和同伴道別
後，便揚帆出發。」當「凱爾德號」
拋開「威爾斯號」的繫船索時，岸上
眾人發出三聲歡呼。

　　賀理站在岸上的高地，用口袋型
小相機捕捉了「凱爾德號」出發的畫
面：揮舞的帽子，高舉的手臂，勇敢
的道別。

　　薛克頓在臨別前依然不忘精打細

　　賀理把這張照片題為「登陸象島」，但從景觀 (和飄雪狀況) 可看出，這是「凱爾德號」出發當天所拍攝的照片。
　　事實上，這張照片的畫面是「威爾斯號」準備第四趟，也是最後一趟運送補給品到「凱爾德號」上。
水中綁的是「凱爾德號」拖在船後的兩個消波塊 (breaker) 裡面的一個。站在船首，面對岸上，手中握著繫繩的人，可能是薛克頓。

「威爾斯號」
載運補給品到「凱爾德號」。
「『威爾斯號』每次返回岸邊
都要與風浪掙扎一回,
大部分人都在裝載的過程中
被海水打濕。」(沃迪,日記)
賀理給這張照片的標題是
「拯救象島上的隊員」;
但這艘小船絕對是
「威爾斯號」沒錯,
而這張照片拍的是運送備品
到「凱爾德號」的其中一程。

算,交給賀理一紙書面指示,要他根據遠征隊出發前所簽訂的合約,「盡量開發電影與照片的各種用途」。

薛克頓另外私下交付了一封信給懷爾德:

1916年4月23日,象島
先生,倘我不幸無法抵達南喬治亞島,你必須盡全力帶隊求援。從船離開此島起,你有全權發號司令,所有人都必須聽命於你。回到英國後,由你負責向「委員會」報告。我希望由你、李思和賀理合寫此次行程的實錄書。相信你會為我的利益打算。你會在另一封信裡找到有關演講的合約條文,英國和歐陸各國由你負責。賀理負責美國。我向來對你放心,也對你往後的表現有信心。願上帝保佑你的工作與你的人生。請將我對英國的愛轉達給國人,告訴他們我已盡力。

薛克頓敬上

沃思禮在日記裡寫道:「岸上的人可憐兮兮齊聚成群,在他們以為我們還看得見的範圍內,臉上盡量裝出樂觀的表情。」

等到「凱爾德號」划出視線外,眾人便走回狂風呼嘯的海灘上;這時候不管各人心裡想的是什麼,都沒有人在日記中透露出來。

落在懷爾德身上的重擔並不好受。他要負責照顧和管理二十一個意志消沈,無法全面正常工作,甚至帶有反抗情緒的大男人,其中包括傷勢嚴重的白博洛。這群人沒有足夠的禦寒衣物,也沒有遮風避雨的棲身之地。除了企鵝與海豹外,他們沒有新的糧食與燃料來源,但日子不能永遠依靠這些野生動物過下去。他們目前所處之地不在任何航線之內。如果「凱爾德號」的求援行動失敗,那麼,一如薛克頓所言,「外界的救援行動絕不可能……來到象島。」

南喬治亞島
「前景令人失望。我向絕壁下望去,只見一千五百呎之下是一片起伏崎嶇的冰原。」
(薛克頓,《南行》)

凱爾德號

25日星期二　整天西南西微風，多雲

26日星期三　西南西強風不斷，陰天多雲，航行105哩（約168公里）

27日星期四　強勁北風，陰時多雲，偶有狂風巨浪

28日星期五　微弱西北風轉西風，薄霧

29日星期六　西風初起轉西北風，海上時有強風

30日星期日　早上八點海面依然顛簸，下午三點下錨，大浪接連打在船上，
　　打進船身的海水在夜裡凍結。

5月1日星期一　南南西強風吹起，下錨，放後桅帆，頂風停住

5月2日星期二……

—麥尼旭，日記

「接下來十六天的航程，堪稱是怒海奮勇求生史上的絕頂偉大事蹟之一。」薛克頓如此寫道。

「凱爾德號」載著六人求援小組在晴朗的天氣中出發，難得的陽光在盪漾的海面上舞躍，灑落點點金光，象島上山峰的皚皚白雪與陡峭冰河一掃過去的猙獰面貌，在日照下閃爍著動人光彩。

小船漸行漸遠，這般美景盡留在身後；船上六人揮別了海灘上一字排開的同伴，航行了一小時半後，又遇上了多月來的宿敵流冰群。小船載著六人再次進入令人毛骨悚然的景觀中，四周盡是外型雄偉又飽經風霜的巨大冰山。小船沿著他們出發前在海灘上先看準的一條水道前進，穿過在海上漂浮不定，時而發出吱嘎異響的流冰，在夜裡到達寬闊的海域。即使是在這說來還算平靜的頭一天航程裡，「凱爾德號」內部還是免不了被陣陣浪花打濕進水。六人都穿了羊毛內衣褲，外穿「獵人牌」毛衣，下著一般長褲，腳著羊毛襪，手戴連指手套，頭戴巴拉克拉瓦式護耳帽（balaclava）。在這些之外，每個人又罩上「柏貝利牌」工作服和頭罩。

沃思禮在日記裡表示：「這一身裝備雖足以擋風，卻不防水。」

薛克頓希望能朝北連走幾天，先擺脫浮冰，進入較溫暖的水域，再向東朝南喬治亞島前進。其實比較起來，喬治亞島並非最近的陸地，合恩角的距離更近，只是礙於目前常吹西風，位於東邊的南喬治亞島是唯一可行的選擇。

六個人在低矮的帆布甲板下吃了出發以來的第一餐，海上浪濤洶湧，大家想盡辦法要穩住烹煮熱食的爐子。眾人在甲板下無法坐直，用起餐

來格外辛苦，弓著身，胸部幾乎貼到了肚子。他們的主食是用牛肉精塊、豬油、燕麥、糖和鹽煮成的「濃湯」。這些材料可是當初爲如今已成幻影的徒步橫越南極大陸之行所準備的口糧。大家把濃湯摻點水，在上面灑上壓碎的果仁。船上只有沃思禮和麥卡錫沒有暈船。用過餐後，麥尼旭、科林、麥卡錫和文森爬進睡袋，躺在隨著船搖動不定的壓艙石上，由沃思禮和薛克頓負責值頭一班哨。

仰望天空，南十字星在清冷的空中閃爍，小船依著星空定了方位，向北前行。

沃思禮在日記裡陳述頭一晚守夜時與薛克頓的對話：「你知道我對駕駛小型船隻一竅不通嗎？」薛克頓帶著一抹笑意問他。沃思禮寫道：「我回說：『沒關係，老闆，我會就好。這是我第三次駕駛小船在大洋中航行。』」

沃思禮記述這段對話，是爲了彰顯薛克頓的勇氣絕佳，因爲薛克頓告別航海生活多年，專注於極地探險，如今竟膽敢向如此危險的航程挑戰。不過英國的極地探險家多半也是經驗老到的航海人，除了薛克頓曾有在英國商船隊服役二十年的資歷，「凱爾德號」上的每一個人也都有多年的海上歷練，所以具備航海技術被視爲理所當然的事。每個人都相信在自己回到「下甲板」爬進睡袋休息時，即使面臨前所未見的狀況，上層輪值的同伴都能熟練操帆掌舵。

黎明時分，科林爬出來點燃煤油汽化爐，「凱爾德號」自離開象島以來已前進了57哩 (約91.2公里)。大家在下甲板準備早餐，海浪打在帆布甲板上，順著邊緣流進大家的衣領裡。下午，西南西風增強，小船帶有沈重的壓艙石，卻仍在奔騰的浪濤裡劇烈起伏。薛克頓把六人分成兩班哨，每班各輪值四小時，他和科林與麥尼旭值一班，再由沃思禮、麥卡錫和文森接手。

沃思禮寫道：「這個班表的安排是三個人在睡袋裡試著睡一睡，另外三人在上面『值勤』；每人負責操舵一小時，另外兩人要是不需唧水、捆紮或操縱船帆，就坐在我們的『沙龍』(船上最寬的部份，也是我們通常填肚子的地方) 裡。」

「到下層去」是件折騰人的事，因爲壓艙沙包間寬5呎 (約1.5公尺)，長7呎 (約2.1公尺)，而沙包被海水打得愈來愈濕。大家必須穿著厚重又潮濕的衣服逐一爬過壓艙石，低頭穿過一塊坐板，才能碰到他們的睡袋。小船隨浪起伏，海水不斷打進船內，躺在這狹隘的空間裡會讓人產生被活埋的錯覺；許多次，他們才好不容易打了個盹，就又從深怕自己被淹死的恐懼中驚醒。

薛克頓寫道：「我們根本沒得到真正的休息。」馴鹿皮睡袋已經耗損得破舊不堪，袋上的硬毛脫落，掉得到處都是，衣服上、食物裡，甚至嘴裡都有鹿毛。

從晚上六點天黑後到隔日早晨七點日出前，漫長的黑暗中沒有任何消

遣；船上只有一盞克難油燈和兩隻蠟燭，只能在極度必要時用來提供稀微的光亮。在海上的第一晚，漆黑的海上傳來企鵝鳴叫，讓他們聯想到離群失散的人。

第三天，暴風雪來襲，但沃思禮還是在風起雲湧時對準雲隙間的太陽偵測方位。小船在浪濤中顛簸，沃思禮跪在一塊坐板上，由文森和麥卡錫使盡力氣把他扶穩，讓他可以調整六分儀，測量方位。沃思禮利用曆書和對數表計算偵測值，並推算方位；然而這些被他視為至寶的圖表與工具書卻因被海水打溼而變得濕軟，往往好幾頁沾黏，數字也變得模糊不清。雖說如此，根據沃思禮的計算，他們已經前進了128哩 (約205公里)。

不過，他們目前所在的位置與他原先的估算有很大的出入。沃思禮這麼寫道：

導航是門藝術，但言語無法形容我今天所花的功夫。航海人估算航線與航程距離使用的「航位推算法」(Dead Reckoning)在此彷彿是場臆測遊戲……偵測方位的過程是：我從甲板下的開口向外望──不忘把寶貴的六分儀緊貼著胸口，免得被浪打濕。

帆布下，薛克頓爵士站在一旁拿著經線儀、鉛筆和本子。我喊「預備」，跪在坐板上，身旁兩個人一左一右攬著我，把我扶穩。我從太陽所在位置向下望至地平線約略所在的位置，由於船身在浪頭上起伏劇烈，我只能盡量猜測仰角的角度，然後喊聲「停！」這時爵士記下時間，由我把結果算出來……我的導航工具書只能半開，逐頁慢慢翻閱，直到找到需要的內容，才小心把全頁攤開，免得船身突然晃動會意外損害了工具書。

在夜裡掌舵真是艱難無比。烏雲密佈的夜空裡看不到半點月光或星光，小船在黑暗中破浪前進，負責掌舵的人憑著風吹的「感覺」，或看桅杆上綁著的小燕尾旗飄動的方向，以此調整路線。每個晚上總會有那麼一兩次，掌舵的人點燃一根寶貴的火柴，藉著火光看看羅盤驗證風向。

測定方位導航萬般重要，但維持小船在預定航線上前進也同樣事關重大；大家都知道，一旦偏離航道，哪怕只差那麼1哩 (約1.6公里)，都會錯過喬治亞島，而被洋流帶入遼闊大洋中。

出發後第三天的下午，強風再度轉由北方吹來，連吹了二十四小時不歇。浪濤起伏的海面是灰色的，天空和低垂的雲層也灰濛濛的，「凱爾德號」籠罩在一片迷濛薄霧中。大浪從左舷一波波打來。當成甲板隔層的帆布上大量積水，海水的重量壓得帆布不斷向下沉，麥尼旭從木箱拔下來釘在帆布邊緣的短釘，眼看就要承受不住，即將脫框而出。一大塊遇難海船的殘骸彷彿刻意要提醒他們眼前困境，在此時飄過他們的眼前。

沃思禮寫道：「大浪每三、四分

鐘就打在我們身上一次。這樣的衝擊持續了一天一夜。天氣變得非常冷。」這時候最痛苦的工作就是操作抽水唧筒，因為負責操作的人必須赤著雙手牢握唧筒，把它固定在船底。這份差事非常辛苦，只要做個五、六分鐘就會受不了，必須換手。

4月28日，也就是第五天的下午，風力逐漸減弱，滔天巨浪這時也減弱到這個緯度地區常見的大浪規模；沃思禮形容他們所面臨的浪頭是「全天下浪峰最高，規模最大的巨波」。浪頭好高，高到「凱爾德號」在浪頭與浪頭之間的短暫平靜裡，「凱爾德號」的船帆像是獲得喘息機會似的鬆弛了下來；但隨著下一波巨浪如排山倒海般湧到，小小的「凱爾德號」被高舉上浪頭，再隨浪急急往下落。

翌日，來自西南西方的疾風吹得「凱爾德號」在波濤洶湧的海上益發劇烈晃盪；但也拜強風之助，小船在這天裡按原訂朝東北的航線一口氣推進了92哩（約147.2公里）。現離象島238哩（約380.8公里）遠，「可惜不是直線距離，」沃思禮以惋惜的口吻寫道。

4月30日，疾風的強度再增，風向一變而為南風，把大片流冰群吹到船後方，船上眾人因寒氣加重而意識到流冰逼近。薛克頓希望能順風前進，但他明白，這麼做可能會使「凱爾德號」被大浪由舷側打翻，甚至被巨浪從後方掀得倒栽入水，只好勉為其難下令掉轉船頭，頂風待命。

薛克頓這麼寫著：「我們放下船錨，好讓船能頂風停住。船錨是用三角形的帆布袋做成的，綁在繫船索上，可以從船首向前放去。」海錨在船首所製造的拉力，抵銷了小船隨浪向後飄盪的力量，讓小船可以頂著風停住，面對迎面而來的浪頭。

截至目前為止，「凱爾德號」不論經歷了多少風浪的摧殘，不管船舷湧進了多少冰冷的海水，始終帶著船上六人向前推進，雖然進度緩慢，不過船上的人還是可以感覺到他們更接近南喬治亞島了。六個人全身上下被冰冷無情的海水打得濕透，他們焦慮的在不平靜的黑夜裡靜待天候好轉，心裡清楚得很：這般受苦受難並沒有換來多大進展。

薛克頓寫道：「從船側向海望去，可看到在滔天巨浪的浪峰傾撲而下時，形成了一個中空的圓洞。」巨浪接連打在劇烈晃盪的小船上，所潑灑下的海水幾乎在接觸船身的瞬間就凍結成冰。

到了第八天晚上，「凱爾德號」出現了令人憂心的變化，不再隨著顛簸的浪頭起起伏伏；異常沉重的小船在混亂的海面上動也不動。船身每一吋吸滿水份的木料、帆布和船索，全都結了一層厚厚的冰。包覆了15吋（約38公分）厚堅冰盔甲的「凱爾德號」，像是綁上了萬噸鉛塊般直往海裡沉。

薛克頓和同伴們勢必馬上應對才行。強風在頭頂呼嘯而過，浪花陣陣打在身上，六個人輪流冒險爬上帆布

甲板，試圖鑿去整片如玻璃般的厚冰。沃思禮在日記裡想用文字描述那難以想像的「艱難工作，和在黑暗中爬上脆弱又滑溜溜的帆布甲板有多麼危險……有一次，船被浪推得突然傾斜，我看到文森從覆蓋在帆布甲板上的冰上溜過……還好他及時抓住桅杆，否則就會直接滑落水裡去。」

那晚，他們一共為小船鑿了三次冰。不管是用斧頭也好，用刀也好，鑿冰既需要力氣，也要懂得使巧勁，因為他們還得盡量避免傷到帆布甲板層。雖說這層帆布甲板單薄又脆弱，卻是唯一為他們遮風擋雨的庇護，沒有了它，船上的人絕對活不了。此外，大家還丟了兩個惹人厭的睡袋，這兩個已經開始腐敗的睡袋，在夜裡結冰後凍得硬梆梆的，根據薛克頓的估計，一個睡袋大概重40磅（約18.5公斤）左右。花了這麼些功夫後，船終於漸漸在海中爬起，再度隨波上下起伏。

翌日早晨，「凱爾德號」猛然向後退；原來，與船錨綁在一起的繫船索被一塊凍結在船索上的大塊海冰給切斷了，船錨不見了。六個人奮力把帆布上的冰打碎，急忙抖開凍僵的船帆；好不容易把帆順利升上去，然後他們調整船的方向，讓船正面迎風。從這一天，也就是5月2日起，麥尼旭突然停筆，沒有再留下關於這段航程的隻字片語。

很難得看到薛克頓在這天的日記裡直陳大家所受的苦：「一整天裡，我們讓船迎風停住，盡可能忍受不舒服。」六個人都全身濕透，寒意直侵入骨，身上飽受凍傷之苦。七個月來不曾換下的濕衣服造成身上嚴重擦傷，海水的鹽份所引起的紅腫與水泡更是折磨。大家的腿部和足部因長期接觸海水而慘白發腫，烏黑的雙手沾染汙垢和獸脂，還有凍傷與被煤油汽化爐燙傷的痕印。

到了這種時候，再輕微的小動作都會疼痛難當。沃思禮寫道：「我們盡可能坐得挺直，因為若向左或右移動一分一吋，都會感覺到濕冷的衣物摩擦腰側。只要坐直不動一會兒，就會覺得還值得活下去。」在這種情況下，熱騰騰的食物是唯一的慰藉。薛克頓在白天一直維持每四小時供應一次熱食；在漫長的夜裡，則每四小時送上一杯用奶粉沖泡的熱牛奶給守夜的人。

「船上至少有兩個人眼看就要撐不下去，」沃思禮寫道，「事實上，薛克頓早就時時在測量大家的脈搏，只要他注意到誰看起來特別耐不住冷，抖得特別厲害，就立刻下令所有人再喝一杯熱飲。薛克頓絕不讓那人知道這麼做全是為了他一個人，免得那人對自己的狀況益發緊張。」大家為了禦寒，甚至還喝下原先預備用來減緩浪濤衝擊的獸脂。不過沃思禮也指出，他們所攜帶的獸脂其實只夠應付一次狂風掀起的巨浪，然而在這趟航程中，他們總共和狂風巨浪糾葛了十天。

從離開象島至今所經歷的種種艱辛，使得文森受創不輕，薛克頓用莫

測高深的語氣描述文森從四月底開始，就「不再是這小組裡的活躍份子」。沃思禮認為文森的狀況是風濕所造成，但其實文森除了體力上衰退不支，精神上也已極度耗弱，因為在這趟航程的後期，文森看起來並不像是全然癱瘓的樣子，而且以體格來說，文森畢竟是全隊最強健的人。

反觀麥卡錫的表現，真讓其他人都汗顏。

沃思禮在航海日誌裡寫道：「我從沒見過像他這麼樂天的人。當我跟他交接掌舵時，船身覆滿冰霜，海水打在身上，沿著領口流進衣服裡，他竟然還笑著對我說：『船長，今天狀況真不錯。』」

至於薛克頓和科林，他們兩人之間存在著特別的相處方式。沃思禮觀察到：

科林跟隨薛爵士很久了，過去為爵士效力好幾回，與爵士建立起某種特殊的主從情誼。他們下去休息時，你可以聽到從船首下方漆黑的休息處傳來模糊的低語，有時是交談，有時只是對環境評論一番，有時那聲響什麼意義也沒有。

他們的談話常充滿奇想，有如天馬行空，而且科林說起話來帶著濃濃的愛爾蘭味，讓我老是得忍住笑。

「科林快去睡，別像老母雞似的咯咯叫個不停。」

「可是老闆我不能再吞馴鹿毛了，再這樣吃下去我肚子裡都快長起山羊鬍鬚來了，你叫船長和麥卡錫去吃好了，反正他們不講究，什麼都吃。」

他們常說些這樣的話。

身處如此髒臭難過的環境，沃思禮的頭腦依然清晰敏銳。他深知自己正在從事一項偉大的歷險，這也是他畢生追求的抱負。光是看他還能一一記下船友的有趣對話，足證他在歷經種種苦難之餘，仍有幽默感。

關於麥尼旭在這段期間的狀況，則沒有太多文字記錄。薛克頓只寫道：「木匠更是吃了不少苦頭，不過他展現了毅力和堅強。」面對每日出現的變化，麥尼旭似乎全憑著他一向的執拗與實事求是在苦撐。他原本就不是生在優渥的家庭中，所以從小習慣吃苦。至於薛克頓自己也是苦不堪言，因為除了和船伴同受的煎熬外，他的坐骨神經痛又犯了。

5月2日的午夜，一陣大浪迎面打在掌舵的沃思禮臉上，薛克頓接手。八小時以來，風的威力不斷增強，空中大雪紛飛，海上波濤洶湧。薛克頓獨自在舵手的位置上，注意到身後的雲層間出現一隙清朗的天空，便大聲告訴甲板下的眾人，天氣終於要放晴了。

薛克頓寫道：「不一會兒我就發現，那不是雲層間的縫隙，而是滔天巨浪的白色浪峰，在海上渡過二十六個年頭，見識過大海的各種面貌，可從沒遇上如此龐然巨浪。那是海洋的

劇烈騷動，與過去這麼多天來時時與我們作對的滔滔白浪大不相同。我喊道：『老天哪，快抓緊！大浪要打過來了！』」

在短暫而異樣的平靜後，一陣聲勢驚人的白色泡沫打在他們身上。小船在巨浪下搖搖晃晃，又慢慢浮了起來，薛克頓說船兒「載著大半船的海水，在浪頭下載浮載沉，在浪濤的拍打下陣陣顫慄」。大家使盡力氣拼命把水舀出去，直到船再度浮起，這才放慢速度，接下來又繼續舀水舀了一整個小時，總算把船內的水清乾淨。

5月3日早晨，凌厲的疾風終於在連吹四十八小時後逐漸停歇，陽光在大朵大朵的白色積雲間閃耀著光芒。船帆展開了，濕漉漉的睡袋和衣物或掛在桅杆上，或攤開在帆布甲板上晾著，「凱爾德號」朝著南喬治亞島繼續前進。天氣到中午時依然晴朗無比，沃思禮把握這大好機會觀測所在處的緯度；在這之前，他們已經連續六天不曾偵測方位。沃思禮費了好一番功夫才算出，自離開象島以來，他們航行了444哩 (約710.5公里)，超過了整個航程的一半。突然間，平安抵達南喬治亞島的目標似乎不是那麼縹緲了。

天氣仍然晴朗平靜，沃思禮形容天公作美，讓他們得以「享受一日的安寧」。出海的第十五天，也就是5月5日，「凱爾德號」在風浪稍大的海上一口氣向前推進了96哩 (約153.6公里)，創下出發至今的最佳紀錄。他們現在離南喬治亞島西端附近的威立斯島 (Willis Island) 只有155哩 (約248公里) 遠。5月6日，強勁的西北風再起，海面上又是怒濤急湧，「凱爾德號」只好放下半縮捲的前帆，再次頂風停住。5月7日，風力稍微減弱，再行啓程。

現在沃思禮愈來愈擔心方位觀測的問題。自從十四天前離開象島以來，他只有四次觀測太陽的機會。他說：「而且其中有兩次都只是從雲端縫隙間驚鴻一瞥或猜測算數。」他在日記裡接著寫道：

> 海上起了薄霧，小船像隻跳蚤似的在海上跳動，海水從船頭和船尾打進來，今天看不到「邊緣」，所以只能大略推算太陽中心的位置。所謂的「邊緣」，在天文學裡指的是太陽或月亮的邊緣。如果邊緣因雲或霧的遮蔽而模糊不清，就無法清楚對準太陽，再「順勢向下」對到地平線的位置。要觀測方位一定要對準太陽的中心，所以如果邊緣太過模糊，就只好對準雲層後最亮部的中心，再順勢向下對準地平線。多練習，連續多做幾次「觀測」，就可以取得一個誤差小於一分 (60分為1度) 的平均值。

沃思禮告訴薛克頓：「我們目前的位置誤差可能有10哩(約16公里)之多。」薛克頓聽後決定改變目標，放棄南喬治亞島上捕鯨站(救兵)集中的東海岸，而改以罕見人煙的西海岸為登陸點。如此一來，即使他們錯過了西海岸的登陸點，目前常吹的西風也

會把他們朝東邊帶過去，但如果他們仍照原訂計畫以東海岸為登陸目標，那麼一旦錯過登陸點，西風就會把他們帶進大洋中。要是沃思禮的估計正確，「凱爾德號」現在離南喬治亞島只剩八十哩 (約128公里) 左右。

5月7日天黑前，一片大海藻從船邊飄過。大家帶著愈來愈興奮的心情，連夜朝著東北東方前進；第十五天的黎明，他們瞥見海裡有海草的蹤跡。因期待而升高的激動情緒，讓他們暫時忘記了剛才發生的不順遂：大家剛剛發現，一小桶飲用水中滲入了海水，一定是在象島臨出發前船差點翻覆時造成的。因口渴而來的痛苦愈來愈難捱。

許多個月之前，遠征隊員曾在格特維克捕鯨站駐足欣賞的一種燕鷗、信天翁，以及和其他意味著陸地不遠的海鳥，現在常常在「凱爾德號」附近翱翔。沃思禮依然忐忑不安，想把握機會向天觀測方位，但是濃霧遮住了太陽，也遮住了前方可能出現的一切。他們在船上瞥見兩隻習性上只在近海活動，甚少離開陸地超過15哩 (約24公里) 的鸕鷀。

海面上風強浪高，當濃霧終於在中午散去，夾雜著迷濛濕氣的狂風，急急帶著低沈逼人的雲層從西北西方而來。

中午十二點半，麥卡錫突然大喊，說他看到了陸地。

「那裡，就在疾飄而過的雲端前，眼圈沾滿海鹽的眼睛看到了側面有白雪點綴的峻峭山壁，」沃思禮寫道。「才那麼驚鴻一瞥，它又被雲層掩住。我們彼此對望，臉上帶著高興的痴笑，腦子裡第一個念頭是『我們辦到了！』」他們看到的是狄米朵夫角 (Cape Demidov)，離小船目前位置只有10哩 (約16公里) 遠，而且就在沃思禮估算的航線上。

下午三點，船上眾人已看得到島上從積雪中冒出的青草叢，這是他們自1914年12月5日起，也就是十七個月以來，第一次看到的鮮活植物。目前他們絕對無法繼續朝島上的捕鯨站前進：最近的捕鯨站離他們還有150哩 (約240公里) 遠，而以目前船上不甚良好的情況與不斷改變的風向來看，要完成這150哩的航程大有問題。

此外，求援小組一行六人已經四十八小時滴水未進。另外兩個較可行的登陸地點，分別是位於北邊的威爾遜港 (Wilson Harbor)，以及朝西開口的哈康國王灣 (King Haakon Sound)。不過威爾遜港迎風，因此無法接近；而哈康國王灣外有礁岩不規則的散佈在海中，西風捲起的大浪一波波打在岩石上，拍岸的浪花有時甚至高達40呎 (約15公尺)。

薛克頓寫道：「我們對於飲水和休息的需要，已到了刻不容緩的地步，但是在那時候想要登陸無疑自尋死路。我們什麼也不能做，只好轉向駛離岸邊，等隔天早上再說。」薛克頓心中明白，登陸有時可能是航程中最危險的時候。

白天，隨著顯出暴風雨來襲跡象的日落而結束，大家做好準備，靜候黑夜過去。「凱爾德號」迎著風平靜停在離岸18哩 (約28.8公里) 的地方，直到午夜。在凌晨的陰冷時光中，海上風力漸強，「凱爾德號」隨著海面的波動上下起伏，強風帶來陣陣雨雪和冰雹，無情的打在六個人的身上。「凱爾德號」並未下錨，只是半放下船首的三角帆過夜，海水不斷從船側打進來，船上眾人只好不停不停的把船內積水舀出去。天快亮的時候，「凱爾德號」陷入一片驚濤駭浪，陣陣巨浪把他們節節推向岸邊。

雨、冰雹，夾雜著雪，到中午時強風轉為颶風，捲起滔天白浪，遮掩住陸地的蹤跡。

沃思禮寫道：「沒有人看過這般景象。」他形容這場暴風雨「用空前的強烈勁道帶著我們直朝岩岸衝去。腦中浮出討海人最怕的的畫面，但沒有人敢說出來。」

下午一點左右，濃密的烏雲在下風處散開。從碎浪的聲響聽得出來，他們直朝著目前看不到的絕壁前進。在慌亂中，薛克頓下令掉轉船頭，放下原先縮捲的船帆，意圖以「之」字形的路線搶風行進，讓小船脫離目前足以撞山致命的路線。

沃思禮描述這段過程：「主桅上原先捲得緊緊的船帆放了下來，而雖然說後桅捲起的三角帆面積不大，卻像著了魔似的怎樣也放不下來。平常十分鐘以內就能做好的事，今天卻花了一個小時才完成。」

「凱爾德號」試著在迎面狂風吹襲下穩住，大浪一波又一波重重打來，船身發出一聲聲低沈的悶響。船頭的木板條隨著巨浪的每一回重擊而彈開，海水便從縫口湧入；「凱爾德號」的船身板條全靠油畫顏料和海豹血填縫接合，此時似乎在做最後掙扎。船上由五人奮力把水舀出船外和操作抽水唧筒，另一人負責掌舵，穩住船在這令人生懼的航線上的行進方向。

沃思禮寫道：「在浪濤拍襲的間隔中，我們躺著休息，安慰自己說：『應該撐得過去。』如此奮力與大自然搏鬥了三個小時，小船終於把危險的海岸線拋在身後；然而船上眾人卻萬萬沒想到，竟會在日落的餘暉中，在船的下風舷處隱約看到安農可夫島 (Annenkov Island) 上覆滿白雪的山峰。好不容易闖過一道難關，卻因此離開了原定的航線，陷入另一個險境。

沃思禮記道：「我清清楚楚記得當時閃過腦海的念頭；後悔自己帶了日記同行，更氣日後沒人會知道我們曾經如此接近南喬治亞島。」

薛克頓寫道：「我想，船上大多數人都有末日將近的感覺。」黑夜逼近，大浪連連打上險峭的海岸，「凱爾德號」在餘波中搖擺掙扎。風向陡變，改吹起西南風。「凱爾德號」在混亂的白浪中掉頭，順利從岩岸與峭壁旁脫身，遠離毀滅的厄運。夜色深沈，終於，他們奮力抵抗了九個小時的颶風，威力趨緩。

薛克頓寫道：「我們再度脫離撞上岩岸的威脅，但已經累到沒力氣對此產生任何反應。黑夜流逝。我們都非常疲累。只希望白晝早點到來。」

5月10日，黎明終於降臨，無風，但海面波濤依然洶湧。大家痛苦的把早餐從乾裂的雙唇間送入口中，餐後，大家重新調整方向，朝著哈康國王灣出發。到了這時候，他們已經發現手邊的幾張航海圖要不是記載不完整，就是錯誤百出，目前的導航有一半全憑沃思禮對陸地走向的直覺。

小船對準了哈康國王灣前進，來到礁岩林立的岸邊，薛克頓形容這兒像是「黑色的獠牙」，橫阻著海口的門戶。正當他們朝著看來有望通過的岩縫缺口前進時，風向又改變，從海灣裡迎面直向他們吹來，使得船無法筆直前進，只好稍微後退，再改以「之」字形路線搶風而進。他們前前後後試了幾次，總算在第五次嘗試時，成功穿過岩縫，進到灣裡。

已近黃昏。他們在南邊發現由一片巖礁形成的小海灣。薛克頓站在船首，指揮小船穿過巖礁的狹隘缺口。

薛克頓描述這段過程：「一、兩分鐘，我們便駛進了小海灣，在夜色逐漸籠罩之下，被一波大浪推近海灘。」薛克頓立刻跳下船，用力拉緊磨損不堪的繫船索，不讓小船隨著浪潮向海中退去，等波浪再一次把船推上岸邊時，其他人跌跌撞撞跳下船，七手八腳幫忙把船拴住。潺潺流水聲帶著他們來到一條小溪邊。六個人跪在小溪邊，盡情掬水喝個夠。

薛克頓回憶道：「真是美好的一刻。」

麥尼旭精心修整的「凱爾德號」挺過了海上大風大浪的種種折騰。在這十七天的磨難中，沃思禮絲毫不曾放鬆，腦中的思考計算也不曾停頓。六個人同在一條船上，在這十七天裡維持著規律的生活作息，恪守指揮體系，規律地輪值守夜。即使是面對討海多年以來罕見的狂風巨浪，他們也不曾因驚慌而忘記自己的航海技術。這六個人不僅以毅力承受了這一切，更在莫大的壓力下展現出應有的專業態度。

他們深知自己完成了一段偉大的航程——但他們後來才知道，那場讓他們抵抗多時才脫身的颶風，吞噬了一艘五百噸的蒸氣船，船上的人全部罹難。經過日後專家學者的評量考證，「凱爾德號」的這段航程是人類所完成的偉大航程之一，然而，此時此刻的他們，渾然不知自己的成就——或者該這麼說，他們這時候也不在乎。

南喬治亞島
望向南喬治亞島上未曾經過任何地圖標示的內陸。

南喬治亞島

六個人踩著虛弱不堪的步伐,踏過拍岸的浪花,分趟卸下船上的糧食、裝備和大部分的壓艙物,好減輕船的重量,把船拖上岸來。然而,一點用也沒有。他們終於認清事實:即使船上空無一物,以他們幾個人目前使得出的力氣,都還是推不動小船。

重新拾筆寫日記的麥尼旭寫道:「累得不得了,只能留下一個人看守,讓船在岸邊飄蕩過夜。」

薛克頓在引領小船進入海灣時,就看到海灣的一邊有一個洞穴,大家蹣跚走入山洞裡歇息。薛克頓負責站第一班的哨,其他人則裹著一身濕衣,躺在濕透的睡袋裡試著入睡,薛克頓發現自己竟然站著打瞌睡,便叫醒科林接班。在黑暗中,拉著一條老舊的繫船索想拉住在波中搖盪的「凱爾德號」,並不是件輕鬆的事兒。凌晨三點,「凱爾德號」脫離科林的掌握,向黑暗的海上飄去,科林連忙把大家叫醒,一起幫忙把船拉回岸邊

來。大家都累得筋疲力竭,連把船翻轉過來推上海灘的力氣都沒有,只能站在一旁等天亮再說。

到了早上,麥尼旭拆下船上的列板和上甲板,進一步減輕小船的重量,經過這一道手續後,大家使盡全力,終於把船推到岸上高潮線以上的地方。現在總算可以安心休息了。海路是他們唯一能夠離開這個小海灣的途徑,如果沒有了船,他們就只能困坐愁城,動彈不得。

哈康國王灣是個深長的海灣,海灣南北各有冰河交錯的山脈。六人所棲身的山洞位於哈康國王灣南岬,正在小海灣深處的懸崖壁下。他們摘了不少在山腳下叢生的草,舖在洞裡的地面上;自洞口垂下的巨大冰柱像簾幕般擋住了風,讓他們可以在洞裡利用浮木升起營火。

薛克頓和科林走上一片長滿叢生的斜坡,觀看地形,回洞穴時順道帶回在附近鳥巢內找到的信天翁,這四隻幼鳥每隻約重14磅 (約7公斤),全

進了濃湯鍋裡，湯裡還加了保衛爾牛肉口糧增添濃度。

薛克頓寫道：「白色的鳥肉甜美多汁，尚未發育完全的骨架在湯裡熬到入口即化。真是令人難忘的一餐。」餐後，大家各自躺在睡袋裡，就著營火的餘燼烤乾菸草，抽菸消遣。

麥尼旭帶著滿足的口吻在日記裡表示：「過去五個星期來不曾如此舒服。我們午餐吃了三隻信天翁幼鳥和一隻成鳥，還有一品脫（約半公升）的濃稠肉汁，我過去所喝過的雞湯滋味都沒今天的好。我剛才還在想，要是象島上的夥伴也有這樣的美食可吃，他們會怎麼說。」

早在他們把「凱爾德號」駛進小海灣的隔天，薛克頓就宣布了求援行動的下一步計畫。以現在位置來說，距離最近的有人駐守的捕鯨站，是在史東尼斯灣（Stromness Bay），循海路約150哩（約240公里）的距離，只不過以目前的惡劣天候與險惡的海岸地形來看，在海上飽經驚濤駭浪的小船和虛弱無力的六個人，無法再應付如此的挑戰。

有著這層考量，薛克頓決定取陸路前往史東尼斯灣的捕鯨站。這段路程的直線距離算起來只有22哩（約35.2公里），然而在南喬治亞島上並無所謂「直線路徑」存在，因為島上的最高峰雖然不到一萬呎（3000公尺）高，但是南喬治亞島的內陸滿是稜角分明的岩峰，深覆積雪與厚冰，還有危機四伏的冰河裂縫，更麻煩的是，過去從來不曾有人穿越這片崎嶇的內陸，所以沒有任何地圖可以作為他們的指引。

薛克頓寫道：「我們對於內陸的了解非常有限，過去人類在此的活動只限於沿海，而我所認識的捕鯨人視內陸為無法通行的地區。」在他們所攜帶的簡圖上，南喬治亞島的內陸是一片空白。

薛克頓給大家四天時間，好好兒把衣服弄乾，多多休息、補眠和進餐。海上連日的風吹雨打讓大家精疲力竭又衰弱，皮膚凍傷與腳上的擦傷讓六人飽受皮肉之苦，精神也尚未恢復。沃思禮寫著，5月12日晚上，薛克頓突然大喊：「小心！大家小心！」把其他人從睡夢中驚醒。原來，薛克頓夢見他們在小船上差點被巨浪吞噬。

雖然大家依然疲累不堪，不過薛克頓和沃思禮還是偕同科林，在登陸兩天後出外探查地勢，而麥尼旭則又開始動手修補船隻。就目前位置而言，唯一能進入南喬治亞島內陸的入口位於哈康國王灣內，是一條橫越眾嶺的通道，但只有走海路才能到達那個地方。

麥尼旭在日記裡寫道：「我一直忙著修整小船，而船長扮起『寧錄大獵人』到外頭找食物，文森躺在營火邊抽菸，有時出來多撿些木柴進去，老闆和科林負責食物，麥卡錫是我的助手。我們吃了四隻幼鳥當午餐，吃飽後回想前些天的苦日子。」

在離開這避難所的前一天，麥尼旭獨自出外散步。

「我走上小山丘，躺在草地上，不禁想起在『老家』坐在山丘上望向海面的情景。」

也是在這一天，意外的好兆頭來到。「凱爾德號」的舵在幾天前靠岸時掉落海中；沒想到這天麥卡錫站在水邊，看到那支舵。薛克頓寫道：「明明有偌大的大西洋任它盡情飄盪，又有兩大洲的多少海岸可以作為它最後漂流上岸的棲身地，它卻偏偏飄進我們所在的小海灣。」

5月15日的黎明，強勁的疾風從西北方吹起，天空下著濛濛細雨。早餐後，七點三十分，大家把東西裝載上船，駕著小船穿過小海灣的狹隘海口，駛進哈康國王灣。陽光在雲層的縫隙間短暫出現。浪頭不小，但大家興致高昂。小船在午後駛近哈康國王灣的北岸，象海豹的嘶吼從前方傳來。不多久，「凱爾德號」就順利停靠在一片聚集了數千隻象海豹的沙灘上。

天氣又變了，眾人在細雨中把小船拖到高水線以上，把船翻轉過來遮蔽風雨。船的一側架高在石頭上當作出入口，朝天的船底鋪上草泥，「凱爾德號」搖身一變，成為不受風寒侵襲的小屋，他們沿用狄更斯的小船屋之名，把新的安身之地命名為「佩格提營地」（Peggotty Camp）。這天晚上，他們殺了一隻象海豹，海豹肉下肚，海豹皮脂用作燃料。周遭半英畝左右的範圍盡是流木：船桅、船頭雕像的殘破碎塊、黃銅桅帽、斷裂的船槳和船板條。沃思禮直言，此地是「遇難船的墳場」。夜裡月亮升上，科林大喊說他看到一隻老鼠。

沃思禮記道：「大家都嘲笑他，我用悲苦的聲音哀求他，讓我看看到底什麼東西看起來像老鼠，哪怕是點痕跡也好；但過了沒多久木匠也說好像看到一隻老鼠，我們就不敢再大聲拿這件事開玩笑。」後來大家討論的結果，認為老鼠是隨著遇難的船隻殘骸漂流上岸的。

冰雹與雪夾雜的惡劣天候，使得他們在往後三天留在新避難所。薛克頓的心情焦躁起來。薛克頓和沃思禮曾經相偕出外探查他們打算穿越的山路，但是突來的暴風雪逼得他們不得不折返營地。

沃思禮寫著，這時薛克頓對他說：「船長，我以後不要再參加什麼遠征了。」他們急著想趁滿月時盡早啟程，然而天氣未曾好轉之前絕對無法動身。冬天的腳步猛然逼近，到了冬天，他們求援的希望會更渺茫。

5月19日的清晨二時，機會終於來到，一輪明月高掛在清澈平靜的夜空中，薛克頓知道再找不到更理想的時機了。薛克頓、科林與沃思禮吃下濃湯當早餐，一小時後便展開這段徒步的旅程。文森和麥卡錫依然躺在睡袋裡，但麥尼旭陪著他們走了兩百碼（約180公尺）。

薛克頓簡單寫道：「他實在走不動了。」

薛克頓事先以粗大沈穩的字體，在麥尼旭日記最後一頁的空白處留下最後的指示：

1916年5月16日南喬治亞島
致麥尼旭

先生，我即將啓程，希望能走到此島東岸的哈斯維克捕鯨站(Husvik)爲隊友求得援助。我在此指派你負責指揮文森、麥卡錫與你等三人所組成的小組，你們當留在原地等待救難人員來到。目前有足夠的海豹肉可供食用，還有海鳥與魚類可捕食。我還留給你一支雙管獵槍與五十發子彈，外加四十至五十份保衛爾口糧，二十五到三十個小麵包，四十份果仁蛋糕，另還有足夠的工具可供你們長期求生無虞。

倘若我不幸無法生還，你最好在冬季過後試著由海路航向島的東海岸。我們將朝著磁針所指的東方前進。我相信救兵不日便到。

薛克頓謹上

看著麥尼旭返回佩格提營地，薛克頓等人邁開步伐，在月夜下穿過「遇難船的墳場」；月光拉長了稜稜山峰與冰河的夜影，冰雪在夜色裡晶瑩閃爍。

不久，他們爬上覆滿白雪的斜坡，這道山坡位於海灣前端，自群山間與內陸相連的鞍狀山脊延伸而出。薛克頓原本打算帶著麥尼旭製作的小雪橇，用來攜帶睡袋與裝備，不過在出發的前一天先行試驗後發現，雪橇在這樣的地形顯然並不適用。

薛克頓寫道：「經過一番討論，我們決定不帶睡袋，行囊盡量求輕便。我們每個人攜帶三天份的預備口糧和小麵包。食物分裝在三隻襪子裡，這樣每個人都可以各自攜帶自己的糧食。」此外，三個人還帶了煤油汽化爐，裡面裝了足夠烹煮六餐熱食的燃油，又帶了48支火柴、煮濃湯用的小湯鍋、兩個羅盤、一副雙筒望遠鏡、90呎（約30公尺）長的繩子，以及麥尼旭的手斧，用來代替冰斧。沃思禮依然把天文鐘掛在脖子上。每個人帶著一截從「凱爾德號」的舊甲板拆下的木條代替手杖。至於衣裝方面，當初嶄新的羊毛內衣褲和外褲如今已磨損得破舊不堪。

薛克頓說來無奈：「我在冰上開拔前丟棄了厚重的靴子，現在腳下只得穿那雙比起來較輕便但狀況較差的鞋子。木匠幫我在每隻鞋底加上幾個螺旋釘，以加強鞋子在冰上的抓地力。」這些螺旋釘都是從「凱爾德號」上起出來的。

薛克頓一行三人由沃思禮引領方向，開始爬上積雪深厚的斜坡。不多久後他們便發現，兩天前堅硬結實的積雪現在變鬆軟了，每踏下一步，雪就在腳踝邊陷下。兩小時後，他們爬到1000呎（約300公尺）左右的高度，足以綜觀整片海岸，這才看清楚：通往內陸的路徑並非穿越平坦的大片雪地，而是在高低起伏的積雪中翻越高山峻嶺。好不容易走到通往內陸的鞍

狀山脊處，濃霧飄來，遮住了原本明亮的月光。三個人綁在一起，由薛克頓在前開路，沃思禮在後指引方向，繼續在伸手不見五指的大霧中盲目前進。

到了鞍狀山脊的頂端，在天剛破曉的稀微晨光裡，濃霧漸散，依稀可見底下是個凍結成冰的湖泊。三個人稍事休息，各吃了一個小麵包，就向著湖泊出發。薛克頓認為，越過結冰的湖面比走山路容易，走了一個小時後，他們注意到左近有冰河裂縫的痕跡，發現原來正走在覆滿白雪的冰河上。

他們繼續小心前進，直到薄霧全散才看清楚，原來他們在高處看到的並非湖，水面也並未凍結成冰；那全是受夜光誤導產生的錯覺，實際上他們看到的水面是佔有灣 (Possession Bay) 的海面。佔有灣位於南喬治亞島東海岸一角，位置與西邊的哈康國王灣正好相反。三個人都知道，以目前的體力狀態是越不過灣的，只好掉頭循原路退回去。這是個大錯，因為此灣的位置清楚標在他們的地圖上，然而，這個小意外正足以顯示，他們出發前對這段路途是多麼沒有頭緒。

太陽掛在平靜無雲的空中，預示著罕見的好天氣還會繼續；既然天氣不錯，他們就打算在情況許可時稍微趕點路。然而陽光的照射使得積雪變得更加鬆軟，每一步跨出，都陷入及膝的雪中。這段艱苦跋涉，必定喚起了薛克頓和科林多年前在南極遠征中使力拖著雪橇前進的痛苦回憶。早上

九點，他們停下來吃出發至今的第一餐。科林點起煤油汽化爐，放上裝滿雪的小湯鍋，一等雪水在鍋裡融化，便加上兩塊口糧煮成濃湯，大家盡快趁熱喝下濃湯。

三個人繼續向前進，每走十五分鐘休息一分鐘，休息時他們總是張開四肢，成大字型平躺在雪地上。畢竟從4月9日離開耐心營地，也就是六星期以來，他們甚少有機會能舒展雙腿，而且在這其中有二十四天的時間都蜷縮在顛簸的小船中。三個人凍傷了的腳尚未完全恢復知覺，衣衫裡累積了在海水中的鹽份，大腿內側在步行時受到嚴重的摩擦。他們在這樣的情況下在及膝的深雪裡奮力前進，很快就筋疲力竭。

早餐過後又走了兩小時，眼前出現五座成一列的峭壁，像是一隻朝天伸出五隻粗短指頭的手掌，攔住去路。峭壁與峭壁間的山口形成了四條通往內陸的通路。薛克頓打前鋒，攀上最近也是最南邊的一座峭壁，在接近峭壁頂端時，先用手斧預先鑿出每一步的落腳處。

薛克頓從上方向身後的兩人說：「前面看來情況不妙。我望向峭壁的另一面，只見1500呎 (約450公尺) 的山壁上覆滿了凹凸不平的冰雪。絕對無法由此下去。」一座山壁橫阻了他們直接跨越到下個山口的路徑，不得已，他們只好沿著花了三小時才爬上來的足跡退回去。

三個人急著彌補白白浪費的時間，踏著沈重的步伐向第二個山口前

進，一路上沒碰到什麼困難，只在中間稍停，胡亂吃了一餐。沒想到在抵達山口時，再度失望。

沃思禮寫道：「我們站在兩座巨大的黑黝山壁之間，陡峭的山壁似乎在冰雪包夾下繼續向上高竄。眼前『愛拉戴思山脈』(Allardyce range)峰峰相連，山勢雄偉的高山上滿是白雪，在陽光的映照下閃爍著光芒。山側有壯觀的冰河交錯而下，遠觀壯麗無比，但我們都明白，那是擋路的大礙。」

他們拖著滿身的疲憊，神情麻木的再一次循原路退下山壁，把希望放在第三個山口。

沃思禮寫道：「山壁一座比一座陡峭，特別是第三道峭壁海拔大約5000呎 (約1500公尺)，爬起來非常累人。」他們終於在下午四點鐘抵達第三道山口，太陽逐漸向地平線隱去，夜晚的寒意逐漸攏上來，但是峭壁另一面的狀況並不比前兩個山口好。沃思禮說的沒錯，他們白費了一下午的功夫。

他們已經連續走了十三個小時以上，累得快要沒有知覺，然而腦中不曾出現想要躺下來休息或放棄的念頭。薛克頓心裡明白，這兩個同伴決不會半途而廢，更不會發出半點怨言；這兩人也知道薛克頓會繼續努力尋找出路，帶著他們前進，直到他不支倒地為止。在漫長而艱苦的十多個小時中，他們三人始終是一支緊密相隨而且毫不畏縮的隊伍。

現在看起來，第四個山口似乎狀況還可以，好像終於有了翻越過山脊的希望。三個人分秒也不浪費，邁開第三次循原路下山的步伐，朝第四個山口前進。

在第四個山口的底部，眼前出現一座200呎 (約60公尺)深，由強風在累積的冰雪間所劃開的深縫，無情的向他們展現：這個高度的強風威力是多麼的大。他們小心繞過這道深淵，開始朝最後一個山口爬去，攀上如刀片般鋒利的堅冰。濃霧在他們背後慢慢升起，遮住了身後的一切。到了山口頂，他們雙腳叉開，站在狹隘的山脊上環顧四下，任憑緩緩升起的霧在他們身旁繚繞。下山的路途起先非常陡峭，接著就變成一道坡度漸緩的漫長雪坡，雪坡的末端隱沒在山下的薄霧與夜色中。

沃思禮在日記裡記下了薛克頓當時講的話：「我覺得目前的位置一點都不好。」夜色漸深，繼續待在這個高度有受凍的危險。薛克頓靜默了幾分鐘，苦思下一步該如何進行。

薛克頓最後終於開口說：「我們得冒個險。有沒有這個膽子？」他們抬起疲憊的雙腿，跨過山脊，費力的向山下前進。薛克頓打頭陣，用手斧在被白雪覆蓋的陡峭山崖上鑿出可供立足的小洞，每次只能向前推進幾吋。半小時後，他們總共向山下走了300呎 (約90公尺)，到達白雪皚皚的長坡。薛克頓再次停下腳步，考量當下狀況。眼看三人都沒有睡袋，只有一身襤褸的衣裝，絕對無法在寒冷的

山上撐過一夜，所以不可能在此停腳休息。身後那片才剛剛提心弔膽走下來的山壁，覆滿了冰雪，根本無路可退，所以，也不考慮走回頭路。情況如此，他們只能繼續前進。一如以往，他們決定兼程趕路的主因是深怕變天。

沃思禮記下薛克頓的決定：「我們一路滑下去。」三個人身上纏著繩子，薛克頓在前，沃思禮居中，科林在後，雙腳分跨前面同伴的兩側，雙手緊抱前面那人的腰，準備就緒後，用腳使勁一蹬，朝著腳下的一片黑暗滑下去。

沃思禮寫道：「我們好似筆直衝向空中一般，有那麼一會兒，我的頭髮全都豎了起來，突然間一股暖流流過全身，我發現自己張著嘴笑得很高興！我竟然真心喜歡這樣一路滑下坡的感覺……我興奮得高聲狂呼，發現薛克頓和科林也一樣。」

隨著速度減慢，他們可以感覺到坡度漸緩，最後在一處雪堆前輕輕停了下來。三個人站起身，一本正經的彼此握手道賀，就在短短幾分鐘內，他們朝目標又前進了1500呎 (約450公尺)。

他們重新開步向前走了半哩路 (約0.8公里)，跨越一處平坦的高地，才停下來再吃一餐。晚上七點鐘，月亮升起，銀色的月光灑落一片美景。「滿覆白雪的丘陵地在我們眼前閃爍著點點銀光，」沃思禮寫道。「四下有不少令人讚嘆的奇峰，南方是一排黝黑的危岩峭壁，北方則是一片銀色

的海。」居高臨下的位置使得前方的地勢一目了然。

薛克頓等人草草用過餐後再度出發，在午夜時走到距離還不算短，而且走起來較輕鬆的下坡路段。三個人這時的腳步比以往更謹慎，深怕一不小心踏錯一步，便會前功盡棄。

沃思禮寫道：「像我們這麼疲累的時候，神經已經緊繃到了極限，所以更應當注意自己的舉止，免得惹惱同伴。在這趟路程裡，我們為彼此著想的程度更甚於以往，因為對經驗豐富的旅行家而言，處境愈是困難，愈當恪守適當的禮貌。」

比起先前的路程，這段下坡路走來還算輕鬆，三人走了兩個小時，來到一個海灣，他們以為那就是史東尼斯灣。他們愈來愈興奮，試著認出熟悉的地標物，例如位於其中一個捕鯨站外的布倫漢岩 (Blenheim Rocks)。三個人帶著幾乎要沖昏了頭的迫切期待，繼續踏著沈重的腳步前進，直到突然間在腳下看見冰河裂縫，才警覺到正位於一條冰河上。

薛克頓語氣沈重的回憶當時：「我知道史東尼斯灣沒有冰河。」他們受到路段難度降低的誘惑，踏上歧途，與這趟路程剛開始時所犯的錯誤如出一轍。疲累不堪的三人垂頭喪氣，掉頭折回，這次採正切的路線朝東南前進。

他們花了將近三個小時才回到原先的高度位置，來到佈滿山岩的支線。這時已經是5月20日凌晨五點，幾個小時後就要天亮。一陣風吹起，

對這三個累垮了的人而言，這陣風帶來的寒意著實刺骨。薛克頓下令稍事休息，不到幾分鐘後，沃思禮和科林兩人睡倒在雪地上，依偎在彼此懷中取暖。薛克頓保持清醒，在一旁休息。

他寫道：「我知道如果三個人全都睡著，後果必定不堪設想。此時此地，熟睡只有死路一條。五分鐘後我把他們搖醒，說他們已經睡了半小時，並宣布啟程。」

長時間以來難得的休息反而倒使三人全身僵硬，所以重新上路後，他們起初只能彎著膝走路，直到暖身完全後才能回復正常行走姿勢，向一排崎嶇的尖峰前進；現在他們真的回到熟悉的地域，也知道那是從幸運灣(Fortuna Bay) 延伸出來的一條山脊，就在史東尼斯灣的另一頭。當他們掙扎爬上了連接山口的陡峭斜坡，冷冽的寒風迎面襲來。他們在黎明時穿越山口，停下腳步喘口氣。

幸運灣就在正下方；然而從他們現在的位置可以看見，輪廓明顯的史東尼斯灣橫陳在東邊的山脈之後，三個人靜立，默不作聲，接著又互相握一次手。

薛克頓寫道：「在我們心裡，這趟歷程已經結束，雖然還有12哩(約19.2公里)的崎嶇山路要走。」他們知道，自己走得下去。

趁著科林用爐子裡最後一份燃料準備早餐，薛克頓爬到更高的山脊上尋找視野更好的瞭望點。清晨六點三十分，他覺得好像聽到了蒸汽汽笛聲；他知道這差不多是捕鯨站裡的人該起床的時間。薛克頓連忙走下來，告訴其他兩個同伴；倘若他沒聽錯，那麼汽笛應該會在七點整再響一次，通知眾人上工。三個人看著沃思禮的天文鐘上的指針慢慢移動，極度興奮的等待著；七點整，汽笛聲再度響起。

自1914年12月5日以來，他們第一次聽到人類世界發出的聲響。汽笛聲意味著捕鯨站裡有人駐守，也就表示，幾小時路程以外就是人與船隻聚集的地方，有人，有船，就可以拯救象島上的同伴。

拋下一路為他們提供溫暖與熱食的煤油汽化爐，他們開始朝山下走，在這趟路程中所碰過的最深積雪中跋躓前行。山坡坡度變大，陡斜坡上，堅冰取代了積雪。沃思禮建議另尋較安全的路線，但薛克頓執拗要繼續沿目前的路線前進，因為他顧慮到三個人已經連續走了二十七小時的路，忍耐力都已經非常低，而且天氣看來似乎又有轉劣的跡象；到了這個地步，一陣突起的強風或暴風雪就足以使他們喪命。

起先，三個人謹慎的在滑溜溜的坡上用手斧慢慢鑿出小洞以供落腳，但薛克頓不一會兒就失去耐心，索性整個人躺下來，用腳在前方的冰上踢出可立足的小洞，雖說有沃思禮在他後面用繩子拉住他，但其實沃思禮自顧不暇，薛克頓萬一不小心滑落，絕對會連後面的沃思禮和科林一起拖下去。

通往幸運灣的路其實不長，但他們足足走了三個小時才走到海灣的沙灘，踏過灣邊的泥沼，黏重的冰河泥牢附在他們的靴子上。即使在這遠離人類文明世界的小島上，他們依然見識到「人類的活動，一如過去多少前例，對大自然只會造成破壞」。薛克頓描述著眼前景象。許多具可清晰看見彈孔的海豹屍體橫陳在沙灘上。他們繞道而行，朝著海灣另一端走。

十二點半，他們越過了對面的山坡，爬上了還算平坦好走的高地，向史東尼斯捕鯨站之前的最後一道山脊推進。科林突然間矮了半截，原來他掉進了冰的裂縫中；他們這時才赫然發現，目前所在的平坦「高地」，竟是湖面結冰又有積雪的山中小湖。沃思禮和薛克頓把落入水裡而且腰部以下全濕的科林拉起來，三個人戰戰兢兢繼續前進，直到安全踏上陸地才鬆了一口氣。

一個小時後，他們站在最後一道山脊上，俯瞰史東尼斯灣。一艘捕鯨船駛入港灣，緊接著是一艘帆船；他們還看到小小的身影在捕鯨站小屋四周往來。在這趟路程中，他們第三次也是最後一次轉過身，鄭重的握手。

到這個時候，三個人已經是無意識的移動著雙腳，向最後這段路前進。三人想找條可以下山通往港口的路徑，決定沿著冰冷刺骨而水深及踝的小溪而下。沒想到小溪竟然流向一道落差達25呎（約7.5公尺）的瀑布，三個人毫不猶豫，繼續走下去，因為他們的時間所剩無幾，體力與精神都逐漸耗弱，已經無法再盤算或思考，只能機械的移動著身軀繼續前進。他們把繩子的一端綁在一顆大鵝卵石上，科林先沿著繩子縋下，身影完全沒入瀑布中。接著下去的是薛克頓，由薛克頓口中「三人中最輕巧也最靈敏」的沃思禮殿後。三人安全降下瀑布，然後踉蹌的繼續向前行，只留下繩子懸在空中晃盪。

下午三點，他們來到史東尼斯捕鯨站的外圍。三個人已經連續行走了卅六小時不曾休息，滿腮鬍鬚的臉龐被燃燒獸脂的爐火薰得烏黑，一頭猶有海鹽凝結在上的亂髮，髮長幾可垂肩，飄著異味的衣物破爛不堪；沃思禮還想把從山上滑下時褲子臀部磨破的洞用別針別起來，但只是白忙一場。

接近捕鯨站了，十八個月以來，他們第一次看到遠征隊友之外的人類：兩個看到他們接近就嚇得跑開的小孩。三個人有如夢遊般繼續移動，穿過捕鯨站的邊緣地帶，走過黑暗的加工房，直朝碼頭走去。髒亂的捕鯨站裡的每一個平凡擺設，對他們來說都別有意義。有個人看見他們這副模樣，不禁大吃一驚，匆匆走開，大概以為這三個穿著破爛的男人是被遺棄的爛醉水手；南喬治亞島上的人大概從沒想到，這裡會有船難生還者漂流上岸。

捕鯨站的領班馬地雅斯‧安德森（Matthias Andersen）正好在碼頭上。薛克頓用英文對他說想見一位安德森

船長；一年多前「堅忍號」離開南喬治亞島時，冬季站長是東尼·安德森。這位也叫安德森的領班把他們三人上下打量了一番，回說那位安德森船長已離開捕鯨站，不過他可以帶他們見新任的站長索列 (Thoralf Sorlle)。薛克頓點頭表示同意；他以前見過索列，兩年前「堅忍號」遠征隊來到史東尼斯捕鯨站時，索列曾經招待過他們。

熟稔人情世故的領班也不再多問，直接帶著三個人來到捕鯨站站長的家門前。

薛克頓記錄他們之間的對話：

「索列先生走到門外問：『有什麼事嗎？』

「我問他：『你不認識我了嗎？』

「他帶著不確定的口氣回答：『我認得你的聲音。你是「雛菊號」上的夥計。』」

一位當時在旁的老挪威捕鯨人用不甚流利的英語陳述當時的景況：「經理問他：『你到底是什麼人？』那個留了滿腮鬍子，站在中間的人輕聲答道：『我是薛克頓。』聽到這句話，我——我一轉身，眼淚就奪眶而出。」

他們撐過了艱苦的路程；長久以來的夢想終於成真。兩年來第一回熱騰騰的泡澡，可以把鬍子刮乾淨，穿上乾淨的新衣服，吃到無限量供應的蛋糕和澱粉類食物。捕鯨人對了他們源源不絕的熱情款待。用過豐盛的大餐後，沃思禮領著救援船「參孫號」(Samson) 前往哈康國王灣，把在那裡等待的三名同伴帶回來，而薛克頓和索列則利用時間迅速討論了前往象島解救其餘隊員的幾種可能方案。

那天晚上，天氣變壞。沃思禮躺在「參孫號艙」裡的舖位上，聽著強風在船外呼嘯。他寫道：「要是我們現在還走在跨越內陸的途中，碰上這種天氣絕對是死路一條。」

隔天早上，沃思禮乘著捕鯨船來到哈康國王灣岸邊時，麥尼旭、麥卡錫和文森正躲在翻轉過來的「凱爾德號」下避風。三個人很高興終於獲救，但嘴裡喃喃抱怨著前去求援的同伴竟然沒來接他們，卻把救援的差事丟給挪威人。

沃思禮描述他當時說：「我在這裡啊！」他對三名同伴的反應感到相當有趣。

他繼續寫道：「他們瞪大了眼盯著我看。我渾身乾乾淨淨，鬍子也剃了，他們還以為我是挪威水手。」

收拾起少得可憐的物品，「凱爾德號」的最後幾名水手登上「參孫號」，麥尼旭手裡握著日記。沃思禮決定把「凱爾德號」也一併帶回捕鯨站去。他們對「凱爾德號」的感情不像對「堅忍號」那樣深厚，畢竟「堅忍號」保護過他們，為他們遮風擋雨直到最後一刻；但話說回來，「凱爾德號」儘管不曾帶來多大的舒適與安慰，但畢竟曾和他們一起與狂風巨浪搏鬥。

就在「參孫號」接近史東尼斯灣

南喬治亞島

「就回憶來說，我們的收穫是豐富的。我們突破了表象。
我們『受苦、挨餓，但也有所成就，我們臣服於大自然，但也抓住了榮光，我們在天地萬物的碩大之中也得到成長。』
我們見識到上帝的光華，在大自然的幻化中聽聞了祂的經文。我們探觸到人類赤裸的靈魂。」
(薛克頓，《南行》，描述穿越了南喬治亞島內陸之後的心情。)

時，狂風吹起，暴風雪來到，「參孫號」不得不在海上多停兩天，但船上剛獲救的三人並不在意天氣轉變，他們盡情吃喝，盡興休息。

薛克頓和科林在索列家裡，躺在床舖上，聽著雪花落在窗上的聲響，他們現在體會到，能夠安然走完這段路真是僥倖。

5月21日星期日，薛克頓搭船前往也在史東尼斯灣的哈斯維克捕鯨站，希望能商借英國籍的「南方天空號」(Southern Sky) 當作救援船，即刻駛向象島。兩年前「堅忍號」停留在此時所認識的唐姆船長(Captain Thom) 剛好在港邊，當場自告奮勇，表示願意擔任救援船船長，其他捕鯨人也熱烈響應，願意擔任救援船上的水手。

「參孫號」抵達港口時，捕鯨站裡的人都在港邊迎接，並齊聚在「凱爾德號」邊，一群人以肩負著「凱爾德號」，把它扛上岸來。

沃思禮寫道：「那些挪威水手不肯讓我們碰它一下。」那天晚上，索列船長在捕鯨站的會所為薛克頓「接風」，邀請他旗下捕鯨船隊的所有船長與船副參加。

薛克頓記錄那晚的聚會：「他們都是海上生活的『老手』，無數的暴風雨與半世紀的光陰在他們臉上劃下痕跡。」

根據沃思禮的記載，那晚的聚會場地因眾人抽菸而「煙霧繚繞」：「三四個滿頭白髮的老海人走過來。其中一人用挪威語對我們說話，站長

幫他翻譯。他說他討海經驗超過四十年，從南喬治亞島到合恩角，從象島到南奧克尼群島，對這片南冰洋瞭若指掌，但他從未聽過這麼勇敢的航海故事，膽敢乘著只有22呎長的無甲板小船從象島來到南喬治亞島……接著在場所有的人一一上前，帶著莊重的神情和我們握手。對我們來說，獲得同行的尊敬，特別是得到像挪威這樣偉大的海上民族的敬重，實在是很棒的肯定。」

薛克頓為麥尼旭、文森和麥卡錫安排了返回英國的船位；麥尼旭和文森等人之間的緊張關係到最後都沒有解除。麥尼旭在日記裡戲稱沃思禮扮起「寧錄大獵人」，用《聖經》人物做比擬，顯示他冷嘲熱諷的功力絲毫不受這趟航程的影響。同樣的，從他日記裡對文森在眾人工作時依然躺在睡袋裡抽菸的冷冰冰語氣看來，儘管文森在小船航程中表現優異，但並未因此讓老木匠對這血氣方剛的年輕水手另眼相看。至於薛克頓和沃思禮對於麥尼旭與文森所抱持的看法，則要到很後來才明朗。

這六個人同舟共濟，展現了非比尋常的航海技術與勇氣；然而，他們分手時，還是和當初加入遠征隊時一樣剽悍，仍然各持己見。先行回到英國的三名水手此後再也不曾相見，也不曾再與另外三名「凱爾德號」上的同伴會上一面。

5月23日，薛克頓、沃思禮和科林抵達史東尼斯捕鯨站才不過三天，便乘著「南方天空號」向象島出發。

薛克頓強撐著也要撐過折磨，就是為了要請到救兵。他們熟悉的強風從西方吹起，「南方天空號」在風中穩健前進，直到離象島不到100哩 (約160公里)時，遇上了集結的海冰，勉強再向前推進了40哩 (約64公里)，不得不完全停住。

沃思禮寫道：「這艘捕鯨船的船身由鋼鐵製成，不適合穿梭於海冰間，要是勉強衝過流冰群，無疑是找死。」

「南方天空號」繞著流冰群的邊緣航行了一段長路，用作燃料的煤炭存量低得不能再低，最後不得不回航，決定前往福克蘭群島尋找另一艘船隻；薛克頓也得以發電報回英國。

薛克頓生還的消息引起了騷動。報紙以頭條報導，英國國王發了一封賀電到福克蘭群島：「聽聞你安抵福克蘭群島，甚喜，深信你於象島的同伴亦能早日獲救。大英國王喬治。」

即使是素來捍衛丈夫名聲不遺餘力的史考特遺孀也承認：「不管領隊是不是薛克頓，這都是我所讀過的最偉大歷險，表現優秀。」

舉國上下為此歡欣，但是英國政府無法提供幫助，讓他們完成最後的救援行動。此時英國仍在大戰中，沒有餘力調派船隻從事非軍事用途，更不用說派遣一艘適合在冰海中航行的船隻了。唯一一艘條件符合的船隻是史考特當年的「發現號」，但要到十月才能整裝完畢出發。

這樣還不夠好。

英國外交部轉而向烏拉圭、阿根廷和智利等國政府尋求協助，而薛克頓則尋遍南大西洋的各大港口，希望能找到一艘合適的木製船隻。薛克頓比世上任何人都清楚，想要找到符合條件的船是多麼困難的事──結實堅固的「堅忍號」是無與倫比的。6月10日，烏拉圭政府表示願意免費提供一艘小勘測船「佩司科研究一號」(Institutode Pesca No I)，船上的船員也供薛克頓差遣。小船航行了三天，象島出現眼前，但海冰在前，使得他們無法向前推進，船在原地又耽擱了三天，只得黯然折回。

在智利南部的港都麥哲倫市 (Punta Arenas)，薛克頓藉由英國協會 (British Association) 的贊助，包下一艘有四十年歷史的縱帆式橡木製帆船「愛瑪號」(Emma)，招募了一支由多國水手臨時組成的水手群。「愛瑪號」於7月12日出發，同樣也到了離象島不到100哩 (約160公里) 的位置，但仍然受制於海冰與惡劣的天候，無功而返。

薛克頓寫道：「有些臨時找上船的水手受不了寒冷的天氣和激烈的顛簸，無法工作。」薛克頓曾在小小的「凱爾德號」上承受過更冰寒刺骨的強風巨浪，體驗過更劇烈的顛簸，但這時他只是含蓄記錄船上的狀況。天候惡劣，「愛瑪號」在海上停留了三個星期，直到8月3日才抵達港口。薛克頓回到麥哲倫市焦急的另尋援手。最難以想像的情況竟然發生了：原本預料中幾個星期的等待，眼看要變成幾個月的苦苦等候。

沃思禮寫道：「這段日子的折騰真叫人心力交瘁。只差沒把薛克頓折磨得發瘋。焦慮在他臉上留下痕紋，每一天加深一點，他一頭濃密捲曲的黑髮逐漸斑白。我們頭一次前往象島試圖搭救同伴時，他頭上一根白髮也沒有。現在，我們第三次前往象島，他已是滿頭銀髮。」

在這段折磨人的漫長等待中，薛克頓一反常態，開始借酒澆愁。賀理曾於海洋營地拍下薛克頓坐在冰上沈思的照片，那時薛克頓的神情流露出非比尋常的愉悅，但在這段尋找救援船隻時期的照片裡，他卻頹喪得讓人認不出來，他的臉龐因緊張而扭曲，像是張老人的臉孔。這時已經是8月中旬，「凱爾德號」離開象島求援已經是「四個月」之前的事。

薛克頓從智利再次發電報給英國海軍部，只希望海軍部肯派遣一艘木製船隻。海軍部回電表示，「發現號」將於9月20日左右抵達；但海軍部的這封電報也含糊暗示，「發現號」的船長將主導整個救援行動，薛克頓基本上只是隨船乘客，必須聽命於「發現號」船長。

薛克頓滿腹疑問，這次他同時發電報給英國海軍部和他的好友兼代理人派瑞斯，希望他的疑慮能夠獲得澄清。

派瑞斯覆電表示：「不知該如何回答你才好，只能說海軍部對你們的實質福祉漠不關心，這也是海軍素來對待商船隊的慣有態度，看來海軍部是打算把救援的功勞佔為己有。」

在組織救援的過程中，挪威和南美各國慷慨而毫無保留的向薛克頓伸出援手；反倒是薛克頓自己的祖國逼得他必須把同伴的困境置於後，先捍衛自己在救援行動中的地位與權責。受到英國政府的刺激，薛克頓憤而轉向智利政府請求再次援助。智利政府大概也知道，援救行動一來事關國家榮耀，再者攸關象島上眾人的生死，便讓他們使用一艘船，但那是一艘船身由鋼鐵打造而成，完全不適合這次援救任務的蒸氣拖船「亞丘號」(Yelcho)。8月25日，薛克頓、科林和沃思禮連同一組智利籍船員朝象島出發。

薛克頓回顧跨越南喬治亞島的路程與一路歷經的波折，他寫道：

> 回首過去這些日子，我深信我們蒙天主眷佑，引領我們跨越了冰野與雪地，穿越了分隔南喬治亞島登陸地與象島之間的怒海。在翻山越嶺，走過南喬治亞島上無名山岳與冰河的三十六小時連續步行中，我常覺得這支隊伍中並不只有我們三個人，當時我並未向同伴提起這個感覺，但事後沃思禮對我說：「老闆，在路途中我常覺得彷彿有人與我們同行。」科林說他也這樣覺得。

如今他們回到了人類世界，這股冥冥中的庇佑卻似乎消失無蹤；倘若回到象島時已有同伴因等不及救援而喪命，那麼，他們一路奮勇求生所表現的光輝與毅力便毫無意義。

象島上的克難小屋

馬思頓和葛士奇建議,把留在島上的「威爾斯號」和「達克號」改裝為克難小屋。
大家把兩艘小船翻轉過來,船底朝天,兩端架在四呎高的石牆上,作為二十二人往後四個月的棲身之處。
剩下的帳篷被用來作為四周擋風的「屏障」。

象 島

　　「我們爲他們發出三聲歡呼，看著逐漸遠去的小船在視線中變小，」懷爾德在「凱爾德號」出發那天的日記裡寫著。「看到有些人流下淚來，我趕緊支遣他們去幹活，我自己心口也是悶悶的。我聽到那麼一兩個傢伙又在說什麼『那是最後一面』之類的喪氣話，差點忍不住要拿石頭砸他，不過我只能用最髒的粗話把他痛罵一頓，以洩心中怒氣。」

　　「凱爾德號」在中午十二點半離開象島，懷爾德在下午四點鐘爬到一塊大岩石上遠眺，從望遠鏡裡瞥到小船消失在流冰群之前的最後一眼。

　　大家身上多少都因爲準備「凱爾德號」出發和裝載補給品而被浪打濕，也有人全身濕透，所以在熱騰騰的午餐後，每個人都盡量用力把睡袋擰乾，好鑽進去休息，結束這一天。

　　翌日早晨，海灣裡滿是浮冰，「凱爾德號」前一天離開得正是時候。早餐後，懷爾德向所有的人精神講話，賀理在日記裡讚道：「談到未來的生活態度，他言辭簡潔，但都切入重點。」懷爾德的一席話讓大家都明白，儘管薛克頓離開了，但還有他在發號司令。懷爾德分派一些人負責剝企鵝皮，另一批人則負責在積雪中掘出供大家棲身的雪穴，沒想到後來才發現，他們的體溫使得雪穴內的氣溫升高至溶點，把環境弄得比以前還要濕濘。

　　他們所能利用的只是一片從島上崎嶇陸地延伸出來的狹窄海岬，長六、七百呎，佈滿砂礫。這裡的地勢大約比高潮線高9呎 (約2.7公尺)，卻只有100呎左右 (約30公尺) 的寬度。在他們的西邊有條常見巨型冰塊掉落的冰河，東邊是條狹長的沙灘，聚集了許多企鵝與海豹。

　　賀理向來是最堅強也最有韌性的隊員之一，但他寫道：「我們祈禱『凱爾德號』能安抵南喬治亞島，並且能迅速帶來援手，不要有任何延遲。這裡沒有小屋，也沒有足夠配

備，實在讓人快要撐不下去。」這是他4月30日的日記內容；「凱爾德號」才離開六天而已。

馬思頓和葛士奇建議，使用目前唯一的材料，也就是兩艘船底朝天的小船，搭建眾人的棲身之地。如果真這麼做，就意味著短期內他們不會再利用兩艘小船出海，也意味著只有在「凱爾德號」音訊全無，必須在春天第二次出海求生的情況下，才會去動用留置在華倫泰角的糧食。這是未來很可能發生的事，但目前他們根本不敢多想，找到安身之處才是迫在眉睫的問題。

李思記述這項工作的進行：「由於飲食中缺乏碳水化合物，我們的體力都很差，花了比平常兩倍以上的時間才完成這項吃力的工作。」辛苦了

大半天，他們在兩塊兼具擋風作用的大鵝卵石之間搭起兩道高4呎 (約1.2公尺)，相距19呎 (約5.7公尺) 的石牆，把「威爾斯號」和「達克號」倒置在石牆上，用較小的石塊鎮在朝天的船底上作為固定，再把剩下的零星木條放在頂上充當椽子，用一頂大營帳罩在最外層，其他幾頂帳篷被割開來作為外牆，其中一頂圓頂帳篷的袋狀出入口被用來當成這個克難小屋的「門戶」。

「溫暖小屋」落成後，由懷爾德作主分派舖位：包括水手在內的十個人，睡在以小船坐板改成的「上舖」，其餘的人睡地上，舖位都得經過一番調整，因為大家儘管想盡辦法把小屋內地面清理乾淨，但幾塊防水地墊與帳篷碎布之下，仍是一層厚冰

和凍結的鳥糞。大家搬進小屋過夜的頭一晚，屋外呼嘯的暴風雪讓他們立刻發現了小屋各處尚待改進的缺點。那晚大家鑽進睡袋時，只希望這小屋從此可以為他們遮風擋雪無虞，沒想到半夜醒來，卻發現強風把雪吹進小屋裡，積了好幾吋。

麥克林回憶：「大家只好可憐兮兮爬出睡袋。屋內所有物件都掩上一層雪，鞋襪凍得僵硬，我們只得一吋一吋慢慢把腳塞進去，上下找不到一雙乾燥的或溫暖的手套。今天凌晨的這場折騰，是我這一生中最不快樂的一刻。試遍方法都不見效，命運似乎打定主意要與我們作對到底。有人開口咒罵，聲音不大卻很激動，表達出對我們賴以棲身的這個島嶼有多麼痛恨。」

但是懷爾德不受影響，慢慢找到風雪吹進來的源頭，耐著性子用一個破舊羊毛睡袋所剩的零碎布料把縫隙填起來。過了一會，賀理把一個小獸脂爐拿進來，放在兩條船船尾中間的三角形地區。

「這麼一來，我們的臉會被煙薰得烏黑，但希望這樣至少可以讓室內乾燥點，」沃迪寫道。他們從不斷失敗的嘗試中為小屋做了不少改進，增加了居住上的舒適度。科爾用裝小麵包的錫罐內層做了一管煙囪，有助於把大部分的煙排出去，而馬思頓和賀理則把空的沙丁魚罐頭改裝成獸脂燈，投射出的光足以照亮周遭幾吋的範圍。賀理和葛士奇並監督廚房的搭建工作，圍起一圈6呎高 (約1.8公尺)

的石牆，把「達克號」的船帆覆蓋在上面。此外，大家用一根船槳作為旗杆，營地的建設到此可算是大功告成。他們樂觀的把一面「皇家泰晤士河遊艇俱樂部」(Royal Thames Yacht Club) 的小燕尾旗高掛在旗杆上。

懷爾德制定了嚴格的起居作息：每天早上七點鐘，天還沒亮，可憐的葛霖就得起床，從幾個木箱拼湊起的舖位爬下來，在一片昏灰的黎明時分一路走到廚房，點起獸脂爐，花兩至三小時為大家準備厚厚的海豹排當早餐。早上九點半，懷爾德吼著：「起來收拾鋪蓋！老闆今天可能會回來！」聽到這句話，大家趕緊起身捲起睡袋，把它們塞到小船的坐板間。早餐後有十五分鐘的「吞雲吐霧時間」，懷爾德利用這時候分配當日的各項工作：包括獵捕海豹與企鵝，剝皮，烹煮，重新撐起「溫暖小屋」和整理內務等等。中午十二點半是「濃湯時間」。下午的工作和早上差不多。晚餐的海豹濃湯在四點半端出來，喝完湯後，大家圍成一圈，坐在轉盤爐四周的木箱上。眾人按照座次輪換座位，這樣每個人每星期都有一次機會可以坐在爐火邊。

在象島小屋前
賀理在「溫暖小屋」前休息。「小屋的狀況顯見改善，在如此惡劣天候下的艱苦生活也就比較可以忍受。全體二十二個人都睡在這個溫暖但擁擠的小空間裡。」(賀理，日記)

象　島

剝企鵝皮。

「每天每兩人分食一隻企鵝，
再搭配庫存的海豹肉
和其他食糧，
食物算是相當充裕。
全隊每天就要吃十一隻企鵝，
從總數來算，
從5月到8月的四個月裡，
大概吃掉了一千三百隻企鵝。
我們是現宰現吃，
沒有多少存下的企鵝肉。」
(李思，日記)

賀理寫道：「那樣的景象眞是不可思議。獸脂燈的光線，彷彿舞臺燈一般由下向上投射在被油煙燻黑的臉上。眾人眼裡閃爍著奇特的光芒，手上鋁杯的反光隨著動作的角度而變化，開敞的轉盤爐裡火光搖曳，在小屋裡映射著跳動的奇特光影，讓我聯想到一群土匪從煙囪或煤礦裡逃過追捕後，大開慶功宴的景象。」

晚上的「呑雲吐霧時間」過後，大家把座位下的木箱收拾起來，拼成葛霖的床舖，因為他的羊毛睡袋完全濕透，所以大家讓他享有這項特權。住在上舖的人雙手一撐，以老練的動作躍上坐板間的舖位，睡下舖的人則把防水地墊鋪在地上，攤開睡袋。赫胥常撥弄斑鳩琴弦，自彈自唱個半小時左右，以此結束一天。大家躺在睡袋裡低聲交談，直到七點左右就寢為止。夜裡，大家呼出的水氣，在小屋內壁凝結成半吋厚的冰。

5月10日，賀理用口袋型相機為大家拍一張團體照。

他描述那畫面：「這大概是人類所曾拍攝的照片裡，最雜亂不整的一群人。」自從搬進小屋後，他的心情比先前好了不少，對冰河與懸崖上光影變化之美的感動重新浮起。

賀理在日記裡形容：「日出時的火紅雲彩倒映在靜如明鏡的海面上，一時間，我無法用言語形容心中感動。直直伸入海的冰層表面，一片翠綠，偶有幾抹鮮綠點綴其中！……濃淡相間的紫在積雪的山坡上流連……佈滿山岩的陡坡一如往常，一片灰黑，但今天彷彿也加上一層薄薄的金色外衣。」

他在另一天的日記裡寫道：「要是相機還在身邊該多好！」他懷念著先前被迫放棄攜帶的專業攝影器材。所有留下的照片底片和電影底片都儲存在密封的罐子裡，與「堅忍號」的

一群孤軍在象島上

賀理在1916年5月10日攝下這幀團體照：

「這大概是人類所曾拍攝的照片裡面，最雜亂不整的一群人。」

(賀理，日記)

後排左起：葛士奇，麥凱洛伊，馬思頓，沃迪，詹姆士，賀尼士，哈德森，史帝芬生，麥里奧，柯拉克，李思，科爾，麥克林。

中排左起：葛霖，懷爾德，郝華特，白博洛 (不良於行，躺在睡袋裡)，齊漢，赫胥，貝威爾。

前排 (坐在地上)：李金森。

航海日誌、科學研究記錄和相簿一同深埋在一個雪洞中。

多日悄聲來臨。南半球的5月相當於北半球的11月，到了5月中旬，沙灘上已經凍結了一層冰，還有冰腳(ice foot)牢牢凍結在海岬兩側的高潮線上。島上的一切都在白雪的掩蓋之下。象島位於南極圈以北，氣溫並不像過去在浮冰上那麼低，在這裡華氏11度(約攝氏零下12度)就算是低溫，但由於大家一直處於潮濕的狀態，加上常被時速高達80哩(約128公里)的強風吹襲，他們反而覺得比以前在浮冰上還要冷。

目前的生活不至於讓人挨餓，然而大家依然老覺得肚子餓，而且一成不變的單調肉食對生理和心理都造成很大的影響，所以，懷爾德三不五時就從所剩不多的特別補給品中設法撥點東西讓大家打打牙祭，例如有次把僅剩的果醬珍珠麥布丁一口氣讓大家吃個夠，就讓眾人回味無窮。李思覺得這樣太浪費，在日記裡表示不該讓大家一次吃個精光，而應該要分做幾次慢慢享用才對。然而，賀理的感動為這難得的享受做了最好的解釋：

「午餐吃的是可口的珍珠麥布丁，和果醬一樣都是最後一份。這頓午餐吃得我們心滿意足，因為我們已經有兩個半月不曾好好吃過一頓以穀類為主的餐點。」幾乎已被遺忘的酒足飯飽的愉悅，加上「特殊節慶」的感覺，顯然對提振士氣大有幫助，無形中也讓這一餐發揮了莫大的鼓舞士氣作用。

白日漸短，早上九點才天亮，下午三點就天黑。懷爾德的「起來收拾鋪蓋」吼聲，現只剩下「起床號」的作用，因為現在大家呆在睡袋裡的時間長達十七個小時，實在也不需要每天把睡袋捲起來。愈來愈漫長的黑暗使得閱讀更加吃力，本就不多的消遣如今更受影響。

葛士奇率直寫道：「大家只能躺在睡袋裡，在獸脂爐的煙薰與煙草的煙霧中混日子。就這樣，討厭的一天又過去了。」除了幾本航海書、蘇格蘭作家華特·史考特(Walter Scott)的作品和幾本布朗寧的詩作外，他們還從「堅忍號」的圖書館裡保留了五冊的大英百科全書。但最富娛樂價值的書則非馬思頓的《簡單食譜》(Penny Cookbook)莫屬，讓眾人在憑空想像中大飽口福。

眾人私下以物易物的食物交易變成最主要的消遣。在這方面來說，李思是個中的佼佼者，由於他素喜積存零星食物，加上他主管儲備品，所以他身邊總是有足夠的食物可以和別人討價還價。

李思記錄了進行中的交易：「麥里奧用一塊果仁蛋糕向白博洛換了七塊半的企鵝排，以每天早餐付半塊企鵝排的方式交貨。懷爾德昨晚用企鵝排向史帝芬生交換一個小麵包。前天史帝芬生還問我，可不可以用他所有的方糖，也就是每星期六顆方糖，向我換一塊果仁蛋糕，賀尼士也做了同樣的交易。」

黑暗的時間益發增長，由赫胥撥

象　島

「今天的日記是
在海岬最高點寫下的……
天氣很好：
陽光明亮而溫暖，風平浪靜。
懷爾德角是一塊從島上延伸
約220至250呎的
狹長陸地……接近象島的海中，
矗立著一塊約
20呎高的陡峭巨岩，
四周環繞著一片約300呎的
崎嶇巖礁，我們叫它『日圭』
（Gnomon）……
我拍了幾張照片。」
（賀理，日記）

弄斑鳩琴伴奏的合唱變成重要的消遣活動。小屋外狂風呼嘯，小屋內眾人裹著一身濕答答的衣服躺在睡袋裡，開心唱著老歌，挑起了在溫暖安全的「堅忍號」上的美好回憶。水手歌是他們的最愛，特別是由懷爾德用渾厚的低音唱出，或經過全隊公認歌喉最好的馬思頓詮釋，最受歡迎。隨口哼唱自己發明的新歌新詞，或利用赫胥最在行的老歌套新詞，是讓大家可以彼此開開玩笑，發洩情緒，又不至於冒犯他人的最好方式：「沾滿煤煙的黑臉變慘白，眼神充滿驚惶和恐懼，四下跪地求饒聲不絕，定是科爾說要展歌喉。」

整體來說，大家的健康狀況比在耐心營地時還要差。一如李思的記錄，大家寧可忍受在浮冰上生活時的乾冷，也不喜歡象島上的濕。有人身上的傷口化膿，有人有些小病痛；李

金森自心臟病發作後身體逐漸恢復，但身上因浸泡海水引起的水泡紅腫至今未消。哈德森依然「虛弱不堪」，左臀上長了個很痛的大膿瘡。葛士奇也飽受凍傷之苦，但是情況沒有白博洛的凍傷嚴重。

白博洛的病情每下愈況。密切注意白博洛病況的麥克林與麥凱洛伊醫生，已覺得可能得為他截肢了。6月，白博洛的右腳傷勢看來似乎逐漸好轉，但他的左腳腳趾已經出現壞疽的現象，必須切除。由於這項手術必須要等氣溫夠高，足以把存量稀少的麻醉劑哥羅仿汽化，所以他們一直等到天氣溫和時才打算動手術。

6月15日，除了懷爾德、賀理、郝華特和其他「病號」留在改裝成手術房的「溫暖小屋」裡，其他人都被趕出去。他們把食品箱拼起來，鋪上毛毯，充當手術臺，賀理把企鵝皮加進轉盤爐裡，好不容易把屋內氣溫提

鐘乳石狀的冰柱

「1916年7月5日：
無聊但風平浪靜，天氣晴朗。
早上和懷爾德出外走走。
我們探訪了
附近冰河上的巨大洞穴。
穴外懸著巨大的冰柱。
洞內壁上佈滿了
表面如鋸齒般的
美麗鐘乳石狀冰柱，
形狀特殊的冰柱從穴頂垂下，
益發美麗。」
(賀理，日記)

高到華氏79度 (約攝氏26度)。兩位醫生在煮沸水的湯鍋裡把為數不多的手術器具消毒。麥克林和麥凱洛伊把外衣脫下，身上只剩下最乾淨的一層衣物——內衣褲，開始準備進行手術。麥克林負責麻醉的工作，麥凱洛伊操刀。哈德森別過頭去；向來不拘小節的賀理覺得手術相當有趣，因風濕而躺在旁邊休息的葛士奇也這樣覺得。

臥病在床的葛士奇在日記裡寫道：「白博洛今天接受切除腳趾的手術，左腳腳趾全部切除，只剩下四分之一吋的趾頭連著腳掌。我是少數在旁觀看手術的人之一，手術非常有趣。那可憐的小傢伙表現得非常勇敢。」

看到麥凱洛伊用手術刀劃開白博洛的腳掌皮肉，再把皮肉掀開，在手術中幫忙的懷爾德臉色絲毫沒有改變。麥克林認為：「他實在是條硬漢。」

手術完成後，白博洛因麻醉劑的效果而仍在昏睡，醫生們把屋外的人叫進來。白博洛在隊中的人緣很好，而且他在這場磨難前後所表現的精神更是令人欽佩。李思也對他的剛毅刮目相看，但這場手術讓李思有了新的煩惱。

他表示：「基本上，所有的麻醉劑都在這次手術裡用完了，所以如果哪天換我要動截肢手術，當然我現在一點問題也沒有……屆時我就得在沒有麻醉的情況下接受手術。」

想不到他這番憂慮激發了赫胥的靈感，創作出新的歌詞：「醫生手舞足蹈滿臉笑，磨刀霍霍請出壓箱寶，老麥 (麥克林) 摩拳擦掌，小麥 (麥凱洛伊) 扯緊吊帶，定是上校身體有狀況。」

大家以天文鐘的木盒和賀理夾在書頁中的賽珞珞膠片為材料，在小屋牆上加了幾扇小窗玻璃，為小屋內增

添幾分黯淡的光線，卻也讓眾人看清目前的居住環境有多麼惡劣。油漬，燃燒獸脂的油煙和煤灰，從睡袋脫落的馴鹿毛，海豹和企鵝的血，凍結後又融化的鳥糞——種種污穢填滿了小屋內的每一道縫隙，沾滿了每一絲纖維，也玷污了他們僅有的幾項物品。掉在地上的細小肉屑在視線所不及的黑暗中腐爛。

眾人把一個容量兩加侖的汽油桶拿來當夜壺，省去在黑暗中跌跌撞撞踩過一排睡袋走到寒冷的屋外去小便的麻煩。懷爾德規定，尿液累積到離桶口兩吋時，最後使用的那個人就必須把它拿到外面去倒乾淨；但是日子一久，大家都練就一套憑聲音去拿捏夜壺裡「積水」高度的功夫，要是聽起來已經快要滿到接近兩吋的「上限」，想上廁所的人就躺在睡袋裡等著，看誰先憋不住，就得在解手後出去倒夜壺。

6月22日，大家按照過去在「堅忍號」上的往例，以大餐、歌詠會和詼諧短劇來盛大慶祝南半球的冬至，只不過表演項目都是窩在睡袋裡進行。懷爾德深得薛克頓真傳，找盡藉口去舉辦「慶祝活動」，以化解無聊。他們喝著用柯拉克浸泡標本用的濃度百分之九十甲醇酒精，加上糖、水和薑 (這是誤打誤撞搬來的，當初以為桶子裡裝的是胡椒) 製成的酒，舉杯向大英國王致敬，向重新現身的太陽致敬，向老闆和「凱爾德號」成員致敬。這特調的「1916年敗肝劣酒」廣受歡迎，懷爾德對此尤其情有獨

鍾。此外，每星期六晚上舉杯向「情婦與老婆」致敬的慣例向來不變。

7月帶來了暖和一些也潮濕一些的天氣。巨大的冰塊不時從海口前方的大冰河落下，在落地的剎那，發出像來福槍響般的聲響，所造成的震動激起了巨浪。但眼前有更嚴重的問題，那就是小屋裡的融雪融冰和企鵝糞便在地上愈積愈多。

賀理記述這段辛苦的工作：「融化的雪水多得令人不舒服，原先佈滿砂礫的地面現在一團泥濘，我們把臭氣薰天的污水舀出去，重新整理地面。一共有大約八十幾加侖的髒臭污水從『排水孔』流到屋外。」整個月的溫暖天氣使得冰雪持續融化，大家只得不斷重複這件苦差事。

除此之外，另一個使眾人心情焦躁的原因是大多數人的菸草都已經抽完了，只剩下最懂得自制和儉省的人還有菸可抽。

李思寫道：「水手賀尼士每晚忍著寒冷靜坐一旁，等大家就寢後，便直盯著懷爾德和麥凱洛伊看，希望兩人當中的誰會把用草紙捲的菸屁股給他。」菸草短缺的危機激發了眾水手過去不曾展露的發明天份。他們發揮了如科學家做實驗般的熱誠與投入，逐一測試所有可燃的纖維，看哪一種材質最適合當菸草的替代品。

很多人都對貝威爾想出的辦法寄以厚望，他先把所有人的菸斗收集過來，再和鹿皮靴裡保暖用的森納草 (sennegrass) 拿出來，一同放到湯鍋裡煮；他的理論是，如此一來，這草

就會因為菸斗裡殘餘的尼古丁而沾染上菸草味。

根據賀理表示：「結果空氣中瀰漫著大草原野火般的強烈氣味。」這次的實驗失敗，但至少貝威爾自己很達觀：「倘若有足夠的糧食和菸草，我們就會把心思專注於目前無法脫困的問題，那會對全隊的士氣造成很大的打擊。」

被剝奪的享受不只是吞雲吐霧而已。懷爾德得知，李思跟不知為往後儉省的水手群換得了足夠幾個星期用量的方糖後，便下令不准再進行任何以物易物的交易。懷爾德並援引醫生的意見告訴李思，他煞費苦心換來的碳水化合物，是那些水手賴以維持基本健康的必需品。

7月裡，大家舉杯暢飲「特調敗肝劣酒」的次數顯著增多，但是甲醇酒精的存量一天一天減少，更重要的小麵包和寶貴的極地果仁蛋糕也即將用罄，奶粉則早就喝光了。要不了多久，也許大家只能餐餐吃企鵝排或海豹排了。

然而，一成不變的食物和營養不均衡，並非唯一令人感到疲倦乏味的原因；為了不致斷糧，大家必須看到海豹與企鵝就動手捕殺，這也導致大家心裡難過。

賀理寫道：「大約有三十隻間投企鵝上岸，但我很高興今天天氣太差，所以沒辦法對牠們下手。為了糧食，我們被迫一看到企鵝上岸就殺，但我們實在對這樣的殺戮感到深痛惡絕。」

8月13日的天氣真是太晴朗溫和了，於是大家起了春季大掃除的念頭，把睡袋和鋪在地上的防水地墊全都攤在地上風乾。白博洛被抬出屋外享受陽光；在象島生活的四個月裡，他一直躺在睡袋裡養傷，但一句怨言也沒有。晴朗的天氣繼續停留，有幾個人從淺水灘撿來海藻與笠貝，放在海水裡煮熟，為單調的三餐帶來一點新的變化。

天氣時好時壞，在幾天的晴朗之後，東北強風帶來了一場大雪，小屋四周的積雪深達4呎 (約1.2公尺)。8月19日，流冰集結的情況相當嚴重，從瞭望臺的巨岩上完全看不到海水。這個月裡先前的晴朗好天氣讓大家對於獲救的期望升高，但天氣的轉變使得眾人情緒焦躁不安；8月，是他們預期能獲得援救的最晚時限。

賀理寫道：「大家現在都很擔心『凱爾德號』的安危，要是船安然抵達目的地，連應付各種突發狀況的時間一併算進去，到這時候也該有救援船出現了。天氣惡劣。空氣與海面同樣靜止凝重，海面上佈滿密集的浮冰，帶著濕氣的濃霧像簾幕般籠罩了陸地與海面。這不尋常的寂靜真叫人難耐。」

大家第一次公開討論薛克頓會不會回不來了。懷爾德悄悄下令儲備所有木材與釘子，以準備在必要時乘小船航向幻象島，更令人擔憂。

8月21日，揮之不去的沈悶潮濕依然持續，才剛堆起的積雪融化了8吋 (約20公分)，雪水從縫隙間滲進小

經過了22個月之後，即將獲救
1916年8月30日：
「亞丘號」就在不遠處。
三天前，懷爾德還下令大家
剷除廚房四周的雪堆，
深怕突然變暖的天氣
會使積雪融化，造成廚房淹水。
圖中還可見大家的
鑿子和鏟子留在原地。
他們僅存的物品
都已經打包成列就緒。

屋裡。雖然大多數人原先就知道白博洛腳上傷口癒合的情況不良，但現在眾人都明白，他左腳的腫大與發炎是骨髓炎的徵兆。

天氣溫暖宜人，8月24日，有人看到馬思頓在做日光浴。

8月25日，天氣轉為沈悶潮濕。

26日下起雨來。這麼多天以來，沒有半點微風撩動海水或流冰。

8月27日，懷爾德預料冰雪將再融化，便發派眾人分頭把小屋邊的積雪剷開。

剷雪的工作做到28日，剷雪儘管很吃力，但大多數人都很高興有這難得的機會可以活動筋骨。

8月29日的天氣清朗，風也不小。李思寫道：「大家開始準備，可能要派一艘小船下水。懷爾德已經思

量妥當，但只讓幾個親信知道。他要和其他四個人乘著『達克號』去求救，沿著南雪特蘭群島的各小島背風處小心航行……直到抵達在我們西南方約250哩（約400公里）遠的幻象島為止。」懷爾德計劃在10月5日左右出發，以便趕上在幻象島聚集的捕鯨人。

乍聽之下這個計畫很容易，但實際上沒有人願意去執行。即使是在凡事具備的最佳狀況下，光想到另一趟驚濤駭浪之行就夠讓人膽戰心驚了，何況最好的器材設備都已隨「凱爾德號」而去；這兒只有一張船首的三角帆、一些代替主帆的舊營帳布料，以及五支槳。連「達克號」的桅杆都已經被拆下來，作為加強「凱爾德號」龍骨強度的木料。最重要的是，「達

拯救隊員離開象島
「8月30日……星期三
……神奇之日。」
(賀理，日記)

克號」離開象島，等於承認了「凱爾德號」和船上六人葬身在這廣闊南大洋的某處。

8月30日的黎明清泠。所有人忙著剷除小屋四周的積雪，只有在早上十一點停工，趁著低潮和海面平靜的時刻，在淺灘撿拾晚餐用的笠貝。

十二點四十五分，大部分的人都回到小屋裡等待「午餐時間」，今天的菜單是海豹排骨濃湯；馬思頓和賀理仍留在屋外剝笠貝的殼。

懷爾德才剛端出湯來，就聽到外面傳來馬思頓奔跑的腳步聲——顯然是趕著要進來吃午餐。不一會，只見跑得上氣不接下氣的馬思頓把頭探進屋裡。

「懷爾德，海上有條船，」他興奮的說，「要不要生火做信號？」

李思形容當時的狀況：「懷爾德

還沒來得及回答，已有人推擠著向外衝，一團混亂中，只見杯裡的海豹濃湯四濺，大家爭相奪門而出，充當出入口的布幕轉眼被撕扯得四分五裂。」

屋外，一向善於隨機應變的賀理，早就集攏了石蠟、獸脂和草料生起火來。可是，只見火光熊熊，卻不見煙霧裊繞。但這一點也不打緊；因為那艘船直朝著懷爾德角而來。

李思寫道：「就泊在離岸約1哩（約1.6公里）遠的海上，一艘黑色的小船，看來是艘蒸氣拖船，跟我們預期中的木製極地破冰船完全不一樣。」

眾人在岸邊用驚訝的眼光注視著海上的船隻，麥克林跑到「旗杆」邊，把他的外套猛力升上去，沒想到齒輪轉動到一半就再也上不去，外套

就這麼卡在半旗左右的位置。在此同時，哈德森和李思把白博洛抬到屋外，正好趕上這艘神祕船隻升起智利海軍軍旗，眾人看得滿腹疑惑。

大家興奮的看著這艘船駛得更近，大聲歡呼。這艘小型拖船在離岸不到500呎（約150公尺）處下錨，放下一艘小艇；大家認出船上薛克頓健壯結實的身形，接著看到科林。

懷爾德寫道：「我高興得快要哭出來，好幾分鐘都說不出話。」

貝威爾回憶：「接著就聽到大家滿心歡喜的熱烈歡呼。」大家屏息靜待薛克頓乘著小艇來到岸邊。一等他來到足以交談的距離內，眾人齊聲向他喊道：「大家都很好。」

坐在「亞丘號」看見象島時，沃思禮伴著薛克頓在甲板上遠眺，看到島上旗桿升著「半旗」，兩人的心不禁一沉，但是透過雙筒望遠鏡朝著島上看了許久，薛克頓確定，看到岸上有二十二個身影。

沃思禮記述當時在船上的情景：「他把望遠鏡放回原位，轉過身來，臉上流露出以往不曾見過的豐富表情。科林這時來到我們身旁，我們都說不出話來……也許這麼說很老套，但眼前的他，真的彷彿一下子年輕了好幾歲。」

不到一小時，留在象島的二十二個人，帶著他們少得可憐的行李，全數登上「亞丘號」，賀理把裝了底片的密封錫罐帶在身邊，葛士奇帶著「堅忍號」的航海日誌。

深怕再度受困於流冰內的薛克頓堅拒眾人的再三邀請，硬是不肯上岸看看「溫暖小屋」；他只希望能愈早脫離流冰群外圍愈好。

李思是最後離開象島的人，因為他一直站在小屋邊，準備帶老闆四下參觀。直到小艇最後一趟載了人開始朝著「亞丘號」划去，李思才緊張兮兮揮舞雙臂呼喚同伴，在小艇調頭時飛身撲進船內。

沃思禮從船橋上熱切觀望著營救隊友的過程。

他在日誌裡記錄：「兩點十分，全體平安！終於！兩點十五分，全速前進。」

這趟歷程終於結束；回顧過去，事情好像沒有那麼糟。在荒無人跡的象島上，懷爾德妥善照顧了眾人的生活，大家雖然覺得日子「難過」，但並不「難熬」。

賀理寫道：「我不是個多愁善感的人……但眼看著壯偉的群峰逐漸隱沒在薄霧中，即將與這片曾讓我們領受它的慷慨並拯救我們脫離怒海的土地永別，我難以按捺心中的悲傷。我們的小屋，在象島居住留下的遺跡，將是未來企鵝群集並好奇圍觀的中心。那可愛的象島。」

薛克頓有許多話要對重逢的隊友說，也有許多消息要讓外界知道。然而，他在回到麥哲倫市後捎給妻子的短信裡寫出了重點。

「我真的辦到了。可惡的海軍部……一條命都沒少，但我們到地獄走了一遭。」

「亞丘號」凱旋歸來。

這幀捕捉到小拖船光榮入港的照片，由維嘉先生 (Mr. Vega) 所攝。

賀理表示，維嘉是當地一流的攝影師。

「9月3日，星期日。美麗的日出景觀，連綿山丘和遠處環繞麥哲倫市的山峰盡在薄霧籠罩下。

早晨七點剛過，爵士便先行划小艇上岸，先打電話宣布我們即將返回麥哲倫港的消息，這樣民眾才有機會在上完教堂後，齊聚港邊歡迎我們。

我們預計在中午抵達港口。

『亞丘號』上掛滿了裝飾的旗幟……船駛近防波堤時，

所有的碼頭都是上頭擠滿了人的船隻，汽笛聲和歡呼聲連連作響，震耳欲聾。」

(賀理，日記)

給我的同伴

就此航向海洋

乘著小船，偕著那一群

始終不曾離棄我的同伴。

— 但丁，〈神曲・煉獄，尤里西斯之航〉。

薛克頓穿越過南喬治亞島，才剛到史東尼斯捕鯨站，便問索列：「請問大戰什麼時候結束的？」

索列答道：「戰爭還沒結束，已經死了幾百萬人。歐洲是一片瘋狂，全世界都瘋了。」

關於大戰的問題，是遠征隊在冰上紮營漂流期間的熱門話題之一，那時大家都好奇，等到獲救時，戰爭會不會已經結束，是否會完全錯過這場戰事。薛克頓在搭乘「亞丘號」前往象島之前，特地為同伴收取了在南喬治亞島時等待已久的郵件，並花不少心思收集了新聞報紙，好讓與塵世脫節許久的同伴了解一下這兩年來的時勢變化。

李思在日記裡記下了薛克頓在「亞丘號」上告訴大家的訊息：「輿論對時事議題的態度起了很大的變化。現在大家管以前的『傷亡名單』叫『陣亡將士名冊』。」

薛克頓在《南行》一書裡寫道：「讀者可能無法理解，要那時的我們想像兩年來這場大戰的演變，是件多麼困難的事情。戰壕裡的鏖戰、『露西塔尼亞號郵輪』(Lusitania) 被魚雷擊沈、卡薇爾護士 (Nurse Cavell) 之死、使用毒氣與液態燃燒劑、潛艇戰、加利波里 (Gallipoli) 行動，以及其他千百件有關戰事的大小新聞，聽得我們目瞪口呆……這份經驗算得上是獨一無二的。文明世界裡再也沒有人像我們初抵史東尼斯時一樣，對於翻天覆地的大事如此一無所知。」

戰爭改變了一切——包括改變了時人對於「英勇」的認知。眼看著數以百萬計的歐洲年輕人戰死沙場，這時的英國對於冰上求生的故事實在起不了太大的興趣。「堅忍號」遠征隊員全體生還固然極具新聞價值，上了各報頭條；但官方對薛克頓的態度是明顯的冷淡。薛克頓搭乘「南方天空號」前往象島的援救行動失敗後，來到福克蘭群島史丹利港，當地的《約翰布爾報》(John Bull) 以戲謔的口吻報導這則新聞：「看來史丹利港根本

沒人在乎(他的到來)！連一面英國國旗都沒升上去⋯⋯有個採海藻的老人表示：『他早就該上戰場去，不該在冰山上瞎混。』」

薛克頓和同伴們在麥哲倫港受到各國水手大張旗鼓的熱烈歡迎，連祖國與英國正在交戰的德國水手也在港邊盛大的歡迎行列中。聰明的薛克頓，提早在6哩(約9.6公里)外的里約色克 (Rio Seco) 用電話通知麥哲倫港他們即將到達。

英國外交部很快就看出，薛克頓的聲望深具宣傳價值，便鼓勵薛克頓去拜訪曾經援助他的南美各國。於是薛克頓便帶著幾個同伴，造訪智利首都聖地亞哥、阿根廷首都布宜諾斯艾利斯和烏拉圭首都蒙特維多，卻故意略過英屬福克蘭群島。

1916年10月8日，「堅忍號」遠征行動正式在布宜諾斯艾利斯告一段落，但薛克頓的工作並未結束。「帝國橫越南極洲遠征隊」的支隊，負責由羅斯海岸向南極大陸內陸沿路置放糧食與補給品，目前正在海上漂流：他們搭乘的「曙光號」漂離了原先的繫留地，又受浮冰阻擋，無法回港。這又是另一段英勇的南極探險求生故事——在當年使薛克頓成為知名極地探險家的那片冰天雪地裡，「曙光號」的隊員歷盡艱辛，以人力拖拉載滿補給品的沈重雪橇，寫下極地探險的另一段偉大事蹟。這趟歷城中有三人不幸罹難，因此，薛克頓勢必要返回南極洲。

薛克頓在布宜諾斯艾利斯火車站與送行的同伴道別。這也是「堅忍號」的大多數人——除了白博洛和哈德森外——最後一次齊聚。

麥克林寫道：「我們已經正式分手。」除了少數幾人以外，大部分的人都要返回英國。白博洛仍然住在麥哲倫的醫院裡，廣受當地許多女性的關愛；貝威爾決定留下來。

貝威爾寫道：「當初加入遠征隊時，我就要求在任務完成後於布宜諾斯艾利斯領酬勞，薛爵士也答應了我的要求，而現在我要決定自己的未來怎麼走。我必須向這群有幸共事的好夥伴道別。」

在象島上身體不適，無法工作的哈德森已先行離開，急著領了酬勞要回去報效國家。隨船的兩位醫生曾經在島上為他身上像足球般大的膿瘡進行排膿的小手術，讓他的病況好轉。如此嚴重發炎時所伴隨的高燒，很可能就是導致哈德森在象島上大部分時間恍惚失神的原因。

賀理很快就厭倦了連串的接風慶祝活動，鎮日泡在當地一位攝影師所慷慨提供的暗房裡沖洗照片。

賀理寫道：「將近十二個月以前在『堅忍號』上曝光的感光片版狀況很好。倒是小柯達相機的底片因置放過久而稍受影響，但沖洗還不成問題。」

薛克頓從麥哲倫市用電報發了幾篇很長的文章到倫敦的《每日紀事報》。

一直到12月，諸如「漂流的探險家獲救」，「薛克頓安然無恙」，「薛

克頓隊員脫困」等新聞依然是報導的焦點。

賀理於11月11日抵達英國利物浦。

他寫道：「光是通關就花了相當長的時間，特別是底片的部份。海關用稱重的方式來估計底片的長度，再以每呎五d的價錢徵收進口關稅。爲了這些底片，總共付了一百二十英鎊的關稅。」賀理由利物浦搭乘火車抵達倫敦後，直接前往《每日紀事報》的辦公室，把底片交給派瑞斯。

在接下來的三個月裡，賀理心無旁鶩，專心沖洗照片、影片和演講所需要的幻燈片，以及準備要放在攝影專輯裡的照片。《每日紀事報》、《地球報》 (The Sphere) 等幾家報社都以跨頁版面刊登了他所拍攝的懾人照片。Paget彩色相片片版被陳列於工藝會堂 (Polytechnic Hall)，這讓他感到非常得意；照片經過投射，顯影在會堂裡十八呎見方的布幕上，在被冰雪反光照亮的天空下，「堅忍號」矗立在黑暗中，與命運搏鬥。

賀理早在11月15日就決定，要重返南喬治亞島去拍攝野生動物的照片，希望能以此彌補當初在冰上開拔前被迫拋棄的照片。他在英國停留的時間非常愉快，雖然「倫敦非常冷，令人容易生病，沒遇過這麼壞的天氣」。他在旅英期間常與詹姆士、沃迪、科拉克和葛士奇見面。

賀理的南喬治亞島攝影之行非常成功，他一本慣有的狂熱，在幾個星期的密集工作後，於1917年6月重返

倫敦，把另一大疊的底片和片版交給派瑞斯。而他拍攝的電影《落入極地浮冰的掌握》(In the Grip of the Polar Ice) 於1919年戰爭結束後上映，廣受好評。

關於薛克頓爲何不欣賞賀理，而且始終對他懷有戒心，原因至今依然不明。在浮冰上生活期間，薛克頓百般忍耐，多方迎合賀理的虛榮心，讓他參與所有重要討論，但賀理一再在公開場合及私下在日記裡表達他對薛克頓的欣賞。賀理是個浮誇、高傲、專橫而不好相處的人，但他也的確優秀。在這段歷程中，他一雙巧手製作出的鍋爐、發電機、克難唧水筒和廚房石牆造福了隊裡的所有人。難道，這就是問題的根源？薛克頓是否覺得，這個多才多藝、體格健壯，而且過度自信的澳洲佬，會在某些情況下自以爲地位凌駕於他這個領隊？

薛克頓在1917年5月返回英國時，已因這次遠征而債臺高築，所以賀理這部影片的上映大爲減輕了他的債務。羅斯海支隊脫困後，薛克頓在剛參戰的美國進行旋風式的巡迴演講。他眼下最關心的是如何在戰役中謀得一官半職。雖然時年四十二歲，疲憊不堪的薛克頓已經合法除役，可他心裡明白，如果想在往後的任何探險活動獲得贊助，就絕對必須多少再爲國家盡點力。他返回英國的新聞並沒有引起太大的注意；他很清楚，現在的英國除了戰場英雄外，沒有別的英雄了。

幾個月過去。「堅忍號」和「曙

光號」上的隊員加起來已有三十人投入戰場，但薛克頓還是找不到合適的職位。

薛克頓喝酒喝得很兇，心也靜不下來，很少待在家裡；常有人在倫敦看到他和美國籍的情婦謝特溫小姐(Rosalind Chetwynd)在各種場合出入。最後，在前海軍大臣(兼昆斯柏理侯爵遭王爾德控告誹謗案的辯護律師)卡森爵士的從旁協助下，薛克頓被派往南美進行宣傳工作，職責大抵包括了提振士氣、協助英國戰事，以及報告他所進行的宣傳事項。

他在1917年10月出發前往布宜諾斯艾利斯，於1918年4月返回倫敦。他依然不滿意現有的軍職，又開始四處面談，想要找個合適的職位，卻都沒有下文。

在擔任了幾個普通職位後，薛克頓被派到挪威的史匹茲博根群島(Spitsbergen)，最後改派到俄羅斯的莫曼斯克港(Murmansk)，擔任「極地運輸參謀」──不管薛克頓滿不滿意，至少，他可以在現在的單位和幾個老同伴相聚。薛克頓要求，把現正在阿爾康傑斯克(Archangel，即Arkhangelsk)服役的懷爾德借調過來擔任他的助手；在比利時易普賀(Ypres)受重傷的麥凱洛伊從陸軍除役，也來到莫曼斯克；赫胥和先前在法國的麥克林也相繼到來。

此外，幾名史考特遠征隊的隊員也被派來這個極地前哨，不過，他們對薛克頓的態度雖稱不上是懷有敵意，卻也算不上友善。

英國官方依然否認史考特一行人死於壞血病，因為一旦確認這個說法，等於承認史考特的領導管理不良。反觀「堅忍號」的隊員在冰洋中生活了將近兩年，卻絲毫沒有感染壞血病的徵狀，全是因為從「堅忍號」被封凍在流冰群開始，薛克頓就堅持隊員的飲食中不可缺少新鮮肉類。

大戰結束，薛克頓再度回到海上。他在紐西蘭以口述的方式，把第一本書《南行》中的關鍵內容交由合著作者桑德斯(Edward Saunders)整理。1919年，桑德斯援引薛克頓長篇口述並參考了遠征隊員日記所寫成的《南行》一書付梓問世。這樣的寫作方式非常複雜，但書中對這段歷程的回顧稱得上準確，只是有時候名字和日期混淆不清，也有幾件事發生的先後順序(例如「凱爾德號」途中的種種狀況)顛倒混亂。這本書對整段遠征交代得非常詳盡，有些事故則輕描淡寫一筆帶過，但只有麥尼旭在冰上抗命等少數事件才完全略過不提。薛克頓把此書題獻「給我的同伴」。

《南行》出版後叫好又叫座。然而，薛克頓沒有拿到任何錢。這是由於遠征贊助人之一盧卡司徒爵士(Sir Robert Lucas-Tooth)於1915年過世，他的遺囑執行人硬逼薛克頓償還經費。薛克頓只好拱手交出他唯一的資產，也就是《南行》的版稅，才與對方和解。

大戰尾聲時，薛克頓一文不名，身體也不好，而且依然找不到一份正

職工作。這時候的他很少和妻子在一起，而大多與情婦住在倫敦梅費爾的高級公寓裡，但他仍然不斷向妻子表達愛意。

薛克頓儘管百般不願，但是經濟壓力迫使他不得不再次以「堅忍號」遠征隊的歷程為主題，展開巡迴演講；事隔多年，聽眾稀稀落落，大廳裡只有賀理製作的動人幻燈片喚起連串的回憶。賀理在準備幻燈片時，練就了卓越的影像合成技巧，有時他把野生動物與空曠冰野的照片重疊沖印，或是展現他慣用的構圖手法，以大片雲彩為背景，把極地的景物重疊其上。賀理拍攝這些照片本就是為了商業用途，因此對於如此運用合成照片絲毫不曾感到良心不安。

1920年，薛克頓突然宣布他打算重回極地，至於要去北極或南極則不重要。又一次，薛克頓在倫敦四處奔波，張羅經費；最後，他在達威契學院的老同學羅威特 (John Quiller Rowett) 伸出援手，同意為這次計畫模糊的旅程承擔海上保險。

薛克頓展現出多年不見的生龍活虎，通知過去的「堅忍號」老隊友他即將再度遠行。麥凱洛伊和懷爾德從非洲南部的尼亞薩蘭 (Nyasaland，即今馬拉威) 的棉田趕回。葛霖也再度上船擔任廚師。赫胥帶著斑鳩琴加入陣容，現已成薛克頓摯友的麥克林也與大家重聚。薛克頓在「寧錄號」時期的老班底麥里奧也來報到，科爾也歸隊了；此外，這次的船長還是沃思禮。

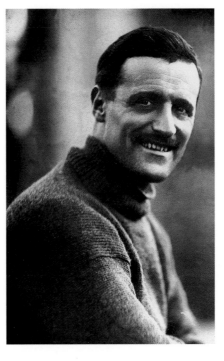

麥凱洛伊
老於世故，
活潑有禮的麥凱洛伊，
在加入「堅忍號」遠征隊
擔任船醫前，
曾經遊遍東方各國。

他們的船「探索號」(Quest) 是艘破舊的捕海豹船，在每個停靠港都得進船塢大修一番。這次他們一隻雪橇犬都沒帶，只帶了一隻寵物犬「疑問」上船。即使在「探索號」啟程後，船上的人還是不太了解船要駛向何方，這次「遠征」的目的到底是什麼；從繞行南極大陸，到尋找海盜吉德船長留下的寶藏，莫衷一是。但這也不重要。大家上船是為了享受那冒險的氣氛——或者說，是為了沈浸在過去的回憶裡。

1921年9月17日，「探索號」在群眾的歡呼道別中離開倫敦。在這次航程所拍攝的影片裡，薛克頓是個矮胖結實，穿著吊帶褲的中年男子，不難想像他捲起褲管在沙灘邊玩水的模樣。大家都覺得他和以前很不一樣，

而且船醫麥克林和麥凱洛伊都十分擔心他的身體狀況。在里約熱內盧時，薛克頓心臟病發作，但不肯接受醫生的檢查，更別提要他下令返航。薛克頓身體一恢復，「探索號」也就繼續南進。

「探索號」在南行途中意外碰上古老的五桅方帆幽靈船「法蘭西號」(France)。眾人興奮莫名，駛近「法蘭西號」，以便拍照。對這群老海員來說，這一刻讓他們重返業已消逝無蹤的英勇年代；他們從破舊的「探索號」上悵然看著幽靈船擦身而過。

經過了一陣風暴後，「探索號」於1922年1月4日抵達南喬治亞島。

薛克頓在日記裡寫道：「我們終於又來到格特維克捕鯨站。我們經過的海岸線是多麼的熟悉：我們用饒富趣味的眼光看著當年靠岸後三個人一路掙扎走過的地方……熟悉的鯨魚屍體的腐臭味瀰漫四處。這真是個奇怪又有趣的地方……今夜真是美好。

「夜幕低垂，只見如寶石般的孤星在海灣上空閃爍。」

五天前，麥克林才在日記裡寫道：「老闆說……憑良心講，他也不知道到了南喬治亞島後接下來如何打算。」

在南喬治亞島的捕鯨站裡，薛克頓見到不少老面孔。格特維克捕鯨站的站長還是亞格森，熱情款待薛克頓一行人。大家上了岸，重遊過去「堅忍號」在此下錨停泊一個月時常去的地方。趁著天氣宜人，眾人在山坡上漫步，坐看海鷗與燕鷗在空中翱翔。

他們來到過去訓練雪橇犬的地方，卻只把樹枝拋到遠方，讓「疑問」跑去啣拾。

傍晚，他們回到船上進晚餐。餐後，薛克頓站起身，半開玩笑宣布：「明天我們過聖誕節。」凌晨兩點，一聲短急的哨響把麥克林召進薛克頓的艙裡。

麥克林的日記透露出他已經私下看護薛克頓多時，他寫道：「我發現，那夜很冷，但他身上只蓋了一條毛毯，便問他還有沒有多餘的毯子。他答說毯子在櫃子底層，但他懶得把它們拿出來，我便動手替他拿，但他說：『今晚就別忙了，這點冷我還忍得住。』雖然他這麼說，我還是回到我房裡，從舖上拿了一條厚羊毛毯，蓋住他全身。」

麥克林靜坐在薛克頓身旁一會兒，趁機建議他往後凡事放輕鬆點，日子不要過得太緊張。

老闆回說：「你老要我放下這放下那的。這下子你又要我放棄什麼？」這就是薛克頓最後的幾句話。薛克頓的心臟病突然發作，他在清晨兩點五十分病逝，得年四十七歲。

麥克林負責進行驗屍工作，診斷薛克頓的死因為「冠狀動脈粥瘤」。根據麥克林的看法，這是宿疾，卻因「在身體衰弱時期過度勞累」而導致病情惡化。麥克林所指的並非幾年前的「堅忍號」事件，而是薛克頓於1909年推進到最接近南極處的那一次遠征。

赫胥自願護送薛克頓的遺體返回

英國，但是在蒙地維多接到薛克頓遺孀艾蜜莉傳來的訊息，表達她希望把亡夫葬在南喬治亞島的意願，她不忍把薛克頓不羈的靈魂約束在平凡而狹隘的英國墓地裡。赫胥遵照她的意願，折回南喬治亞島。

薛克頓的葬禮於3月5日舉行，就此長眠於挪威捕鯨人的墓地，世界上大概也只有這群人最了解薛克頓的成就多麼偉大。這一小群陪著薛克頓走到人生盡頭的同伴也在送葬行列中。赫胥用斑鳩琴奏出布拉姆斯的「搖籃曲」後，薛克頓就此長眠於這片壯觀雄偉，錘煉出他偉大成就的土地。

雖然說薛克頓畢生夢想著以平民之身闖出一番事業，他卻似乎知道自己永遠做不到。

他在1919年寫給妻子的信裡表示：「有時我覺得自己做什麼都不在行，唯有在野外與同伴在一起最自在。」然而，後世對薛克頓印象深刻的事蹟倒不是他在1909年成為世上離南極最近的人，而是他激發同伴潛能的本事。沃思禮寫道：「薛克頓能受到同伴愛戴，正因為他不是那種只想著創下豐功偉業的大人物。在必要時，他甚至會親自去處理最枝微末節的小事……對那些老粗來說，他的關切有時候像是小題大作，但總要到事後回想，才能體會他的細心關照有多麼重要。」

在謹慎的言語和動作背後，薛克頓的行事決策完全以屬下的福祉為最優先的考量。薛克頓的危機領導才能過人，他深信在形勢所逼之時，再平凡的人也能有英勇表現；弱者和強者可以一起生存，也「必須」同在困境中求生。薛克頓的領導特質一部份彰顯於他激發了屬下自己都意想不到的力量與堅忍毅力；薛克頓讓他們更看重自己。

在英國，薛克頓在極地探險成就方面所獲得的肯定一直不如史考特，因為英國人的心中只容得下一位偉大的極地探險家；更何況，緬懷一位奮勇為國爭光，卻不幸命喪極地的年輕英雄，似乎更符合第一次世界大戰後舉國的悲悼之情。

雖說如此，薛克頓的事蹟卻也啟發了文人的遐想。薛克頓曾表示，與沃思禮及科林穿越南喬治亞島時，感到冥冥中受到看護與指引，這件事縈繞在英國詩人艾略特的心頭，他因此在《荒原》中寫下：

誰是那常伴你身旁的第三人？
我數了數，
只見你與我同行，
但我仰望漠白長途
總見另一人在你身旁。

最足以為薛克頓的英勇事蹟做見證的「凱爾德號」，經過四處展示，最後在薛克頓的母校達威契學院永久陳列至今。

薛克頓去世後，「探索號」在懷爾德的指揮下繼續航行。在這段近乎漫遊般的旅程終點，懷爾德帶著一行人來到象島附近，但他沒有讓眾人上岸。麥克林寫道：

當年離開時，沒有人想過這一生還有機會再見到象島。回憶啊！多麼難忘的回憶！往事如潮水般湧上心頭，淚水不禁盈眶，我坐在船上試著提筆，而傷感流過全身，我發現自己找不到適當的話語來表達我內心感受。我又見到那艘小船，那懷爾德的小屋，雖然又髒又黑，卻是我們溫暖的棲身之處。我彷彿又見到那些老面孔，聽到他們熟悉的聲音——如今四散各地的老友啊。實在難以用文字去貼切表達這一切的感受。」

薛克頓和隊員們在獲救以後，接觸到一個與過去截然不同的文明世界，但其實早在1914年「堅忍號」離開倫敦時，「舊時代」及舊時代所崇尚的技術與價值觀便已逐漸式微。當年薛克頓在布宜諾斯艾利斯很高興能找到貝威爾擔任替補船員，正是因為貝威爾具有多年航行帆船的經驗。在當時蒸氣船隻逐漸稱霸各大洋的情況下，這樣的豐富經驗與技術愈來愈不可多得。

薛克頓尋求經援的創新方式也是時代變化的象徵；在新的時代裡，凡是精力充沛、充滿抱負的有心人，不管是否像史考特那樣幸運，有金主在背後做後盾，都可以努力去拓展屬於自己的機會。「堅忍號」最初不是為了達致英勇探險而建造的，而是為了運載有錢的船客到北極進行狩獵；所以，嬌小的「堅忍號」內部舒適，裝備齊全。

同樣的，在這個日漸進步的時代裡，不論是哪一種探險活動，照片和故事的版權早在出發前便已賣出。「堅忍號」遠征期間，全隊上下都沒有忘記，他們的歷程將會被編寫成書，而且在每個艱苦轉折的關頭，薛克頓總是特別注意，看有沒有哪個平日有寫日記的人保持習慣，而賀理拍攝的照片又是否安然無恙。

1916年6月，他們還困在象島上，李思在日記裡寫著：「要是有艘小船……我們就可以出海去捕殺那些偶爾爬上浮冰的海豹，但倘若我們要什麼有什麼，日記裡就沒有這些困乏的題材可寫，那麼未來的『那本書』裡就少了很多精彩內容。倍嚐艱辛的苦難，是書的一大賣點。」

返回文明世界後，許多遠征隊隊員的日子過得還不錯，但也有人因為舊社會的秩序被大戰一掃而空而適應不良。這群人曾經在一場探險史上可歌可泣的遠征中生死齊心，只為找一條生路，然而，生還後卻面臨了不同的命運。

1918年2月，倫敦的《電訊報》以「南極探險：極地勳章」為標題，用半欄的篇幅列出得獎的帝國橫越南極洲遠征隊隊員名單，並簡述各人得獎的事蹟。這當中已經有一枚勳章來得太晚，因為在「凱爾德號」抵達南喬治亞島的四個月後，才返抵英國三週的麥卡錫就在英倫海峽的戰火中喪生。而就在勳章頒發後不久，各國宣布停戰的幾星期前，人稱跨越南極圈

最多次的齊漢，因掃雷艇在離亨伯河（River Humber）不遠處被德國潛艇的魚雷擊中，不幸成為水中冤魂。

最令人驚訝的，莫過於有四名隊員不在受獎行列中。薛克頓向當局推薦贈勳的名單中，並不包括史帝芬生與賀尼士，也沒有參與「凱爾德號」之行的文森與麥尼旭。文森在抵達喬治亞島後無法工作，麥尼旭在冰上的短暫抗命，讓兩人付出了極大的代價。由於當局並未舉行正式的授勳儀式，因此在往後的許多年裡，許多隊員都不知道，還有幾個同伴不曾分享這份榮耀。

日後與薛克頓成為莫逆之交的麥克林醫生，得知此事後震驚萬分。他寫了封信給其中一位為薛克頓立傳的作者：

在我們隊裡，沒有人比老木匠更有資格獲獎……他不但是個手藝精湛的木匠，更是個知識豐富的海員。他的成品都是一流的……

為了搶救被浮冰擠壓的「堅忍號」，他不辭辛勞，長時間站在冰冷的海水中趕工，他的付出值得高聲讚賞……「師傅」言辭莽撞無禮……碰上他聽不順耳的話，立刻反唇相譏，即使對方是薛克頓他也不管，但我認為，薛克頓對此並不太在意。

木匠對於活蹦亂跳，桀驁不馴的沃思禮特別沒有好感，也不怕讓沃思禮知道，在這種情況下，沃思禮自然不喜歡師傅——兩人互相的反感正是冰上抗命事件的導火線。沃思禮由於在遠征後期有機會和薛克頓長期相處，因此在這方面對薛克頓的影響很大。我認為，扣住麥尼旭應得的極地勳章不發，對他而言極不公平，我同時認為，不頒發勳章給其他三名拖網水手的作法稍嫌嚴厲，他們也許不是什麼討人喜歡的人物，但他們從不曾做出對不起這次遠征的行為。

麥尼旭返回英國後，又回到海上討生活。他在日記裡一直用額外的篇幅來表達對「親密愛人」和女兒的思念，但這位在蘇格蘭開斯卡的不知名女子後來似乎從他的生命中消失了。麥尼旭退休後和兒子與家人同住了幾年，有一天，他突然說要到紐西蘭去。

他兒媳勸道：「但您年紀這麼大了，去紐西蘭做什麼？」師傅答道：「別擔心，丫頭，我在那兒有份工作。」幾天後，一輛馬車來到他的家門口，載著他和他上船的老舊行李而去，這是麥尼旭與家人的永別，從此他們再也沒有他的下落。

在「凱爾德號」之航後，麥尼旭就常抱怨骨頭痠痛。健康狀況不佳，加上長期飲酒，使得他無法繼續工作，最後一貧如洗。但是在紐西蘭威靈頓（Wellington）港口碼頭的討海人眼中，這個「凱爾德號」的木匠是位英雄，所以每當老木匠蹣跚走進碼頭的小屋，鑽進防水油布下過夜時，守夜人總是睜一隻眼閉一隻眼。碼頭工

每月固定募捐，把募得的款項用來照顧麥尼旭和其他潦倒的討海人，麥尼旭便藉此維生。他在去世的前兩年，被大家安置在威靈頓的俄亥洛安養院 (Ohirorest home)，渡過餘生。

麥尼旭生命的最後時光中，充滿了對薛克頓的怨懟——不是因為他沒有獲得極地勳章，也不是因為薛克頓對他不聞不問，而是因為薛克頓殺了他的愛貓。在那幾年裡，麥尼旭的友人都記得，老木匠有辦法把所有話談內容轉向「師娘」之死。此時的「師傅」麥尼旭孤子一人，身無分文，英雄夢碎，衷心只念著他的伴侶。他曾向另一名水手誇說他的愛貓「如此特別，全隊上下都叫她『師娘』」。

麥尼旭死於1930年；對於一個貧民來說，他的葬禮非比尋常的隆重：皇家海軍艦艇上的兵員為他抬棺，由紐西蘭陸軍提供的炮架運載他的棺木。麥尼旭被葬在凱洛理墓園 (Karori Cemetery)一處不曾標記的墓地，一直到1957年，紐西蘭南極學會才為他樹立一塊墓碑。麥尼旭身後只留下一項具有價值的遺物：他在「堅忍號」遠征中的日記。

文森後來轉任一艘拖網漁船的船長，因肺炎病逝於船上，但死期不明。關於他返回英國後的生活狀況，目前已知的資料只有一份文件：一封誰也沒想到他會寫的，給哈德森母親的信。文森在這封莊重有禮的信裡要哈德森的母親放心，說她的兒子安然無恙，而且工作表現良好；但其實文

森在象島上臨行前，看到哈德森因在風寒中暴露過久而嚴重凍傷，完全動彈不得。賀尼士也重拾拖網漁船水手的老本行，在一次暴風雨中，從船上跌落海中。史帝芬生因癌症病逝於霍爾 (Hull) 的醫院裡。

麥里奧後來定居於加拿大，在貝爾島 (Bell's Island) 岸邊捕魚兩年。麥里奧終身未娶，因為他說「一直沒有足夠的錢買棟房子，放個太太在裡頭」。麥里奧在浮冰上背著薛克頓，暗地裡把老闆在「堅忍號」遇難後留在冰上的《聖經》撿起來偷偷藏著，因為他深信把《聖經》棄置在冰上會招致厄運。他把《聖經》送給在麥哲倫港照顧他的家庭，多年後，那家人把《聖經》轉送給皇家地理學會永久收藏——薛克頓所撕下的那幾頁〈約伯書〉經文是欠缺不全的。麥里奧於加拿大的一所安養院中過世，享年八十七歲。

白博洛在獲救那一年的12月下旬才返回威爾斯，比他的同伴晚了好幾個月回家。他回到家時，街坊鄰里全部出動，熱烈為他舉辦盛大的歡迎會。白博洛自願加入海軍，卻因為肢體殘障被拒，只好重回船上討海，直到大戰結束，和父親一起在新港的碼頭上工作。常有人邀他演講遠征的經歷，但他不喜歡談遠征，反而喜歡談隊上同伴。他失去腳趾的左腳穿著特製的木鞋，但他從不向人提及，甚至還刻意苦練，希望自己能夠如正常人

般行走。白博洛一直和老友貝威爾及郝華特保持聯繫，直到今天，這三人的後代依然維持著書信往返。白博洛因心臟問題與慢性支氣管炎於1949年過世，得年五十四歲。

貝威爾留在南美洲，在巴塔歌尼亞從事羊隻畜牧的工作一年，後來陸續當過商船海員、鐵路轉轍工和農夫。他後來在1945年定居在美國密西根州的杜克斯市 (Dukes)，在當地從事酪農業，撫養女兒。1964年，他應邀前往英國參加紀念「堅忍號」遠征隊出發五十週年的活動。他在密西根的鄰居對於他從事過的探險活動一無所知，因為貝威爾認為那是英國的遠征，美國鄰居大概沒什麼興趣去了解。貝威爾逝世於1969年，享年八十一歲。

李金森在第一次大戰中在皇家海軍服役，後來成為造船工程師與諮詢工程師，於1945年過世。科爾繼續在海軍商船隊服務，直到退役。從未認真把心思放在氣象學研究上的赫胥，在兩次大戰中報效國家後轉而行醫，常受邀以「堅忍號」遠征為題演講。赫胥雖然結了婚，卻無任何子息，在他臨終前，他把演講筆記和幻燈片交託給他擇定的年輕繼承人，叮囑「要讓『堅忍號』的故事永遠流傳下去。」

馬思頓和賀理合力創作出許多繪畫與攝影合成圖。1925年，馬思頓加

入一個專為革新與支持鄉村產業而設的組織，因冠狀動脈栓塞病逝於1940年，得年五十八歲。

大戰期間，哈德森在專為誘擊德國潛艇而偽裝為商船的「神祕艦」上服役，於戰後加入了英屬印度航海學會。那一趟乘小船到象島的航程，對他造成了永久性的傷害：凍傷使得他雙手殘廢，並導致腰背間的骨頭壞疽。他在二次大戰中殉國，當時的位階是皇家後備海軍的護衛艦資深艦長，他那時才剛護航船艦至俄羅斯，便又奉命駛往直布羅陀，他大可以拒絕這項任務，但他欣然接下指派，沒想到在回航途中遇難。

大戰中，柯拉克在掃雷艇艇上服役；戰後，柯拉克奉派在亞伯丁附近的漁業研究站任職，撰寫關於鯡魚幼苗與黑線鱈的研究論文，在當地以高超的足球和板球技巧聞名。1950年，柯拉克逝於亞伯丁，享年六十八歲。

詹姆士於1937年移民南非，接下開普敦大學物理系講座的教職，後來升任該校副校長。詹姆士在任期內常公開表示，開普敦大學應准許非歐洲裔的學生入學。他在1964年逝世，享年七十三歲。

沃迪——後來受封成為詹姆士·沃迪爵士——成為一位傑出的地理學家，出任皇家地理學會的會長，並擔任劍橋聖約翰學院 (St. John's College)

的校長。沃迪在北極從事的遠征研究工作獲得了無數的獎項，也是激勵下一代極地探險家的靈魂人物。沃迪於1962年去世，和好友詹姆士一樣，享年七十三歲。

麥克林在戰時擔任軍醫，因履建軍功而獲得數次表揚，包括獲頒陸軍十字勳章。戰後，麥克林在亞伯丁定居，後來成為亞伯丁大學的學生醫務所主任，也一直和柯拉克保持密切聯繫。日後，麥克林成為「堅忍號」遠征行動與薛克頓晚年生活的研究權威之一。麥克林逝於1967年，享年七十七歲。

遠征隊的另一名船醫麥凱洛伊在戰後加入遠東航線，在二次大戰中，他的船艦遭魚雷擊沈，迫使他再次乘著小船在海中求生，直到被「文西號」(Vichy) 救起，送往非洲蘇丹的一處軍營。麥凱洛伊活到八十好幾，始終是單身漢一條，但據說他到老都女友不斷。

李思在停留麥哲倫期間，便已在薛克頓的幫助下，在英國皇家陸軍航空隊謀得軍職。他在當地負責為軍機駕駛採買降落傘，這項創新的作法當時深受地勤的資深軍官排斥，他們認為跳傘逃生的機會可能會降低飛官的鬥志。為了向大家展示降落傘的效用，李思揹著降落傘從倫敦塔橋(Tower Bridge) 往下跳落，消息還上了倫敦各報。

李思後來與一名日籍女子結婚，在日本定居，後來遷居紐西蘭，在二次世界大戰中擔任間諜；這項工作相當符合他好管閒事又喜歡秘而不宣的個性。在遠征的實際歷程中，李思也許真的是最令眾人鄙棄的一員，但眾人很難在他死後還依然討厭他。要不是他在日記裡一五一十記錄了他插手的大小閒事，用喋喋不休的口吻記述，和他在日記裡急欲一吐為快的坦白，這趟遠征的記錄必定要失色許多。李思在七十九歲時死於一所精神病院，死亡證明書上的死因是「支氣管肺炎——二十四小時。心臟血管退化。衰老？」顯然，連照顧李思到臨終的醫師都還摸不清楚他到底是怎樣的人。李思死後葬於紐西蘭凱洛理墓園的退役軍人區，也就是麥尼旭長眠的所在。生前彼此憎惡的兩人，怎料得到命運竟有如此安排。

在「探索號」遠征後，懷爾德定居於南非，四年的乾旱與水災使他苦心栽成的棉花田荒廢，但「酒」才是導致他潦倒不堪的真正原因。他過去在象島上對「敗肝劣酒」的偏愛一直是眾人揶揄的題材。有名新聞記者發現懷爾德竟然在南非某礦坑頂的祖魯族村落當酒保，月薪只有四英鎊。新聞見報後，在史考特最後遠征中被科林救回一命的愛文思，驚聞他眼中的船友兼偉大極地探險家竟落難至此，便出面幫他申請一份退休金，只不過這項福利來得太遲，在幾個月後，懷爾德便與世長辭，那時是1939年。

科林回到位於安納斯科 (Anascaul) 的老家,在當地開了間「南極客棧」,結婚生子。他在寫給「新地號」老船友的信裡,簡述在浮冰上生活、兩趟在驚濤駭浪中的小船航程和跨越南喬治亞島的波折:「過去十二個月過得很是辛苦。我得承認,老闆真是個優秀的紳士,不過我很高興自己從頭到尾沒有辜負他。」

科林往後始終過著規律的生活,在他的客棧和花園裡勤奮工作,每天傍晚帶著兩隻愛犬走向「幽谷灣」 (Dingle Bay) 的海邊。他的狗分別取名為「費多」和「多比」,以紀念他在南極不得不射殺的兩隻雪橇犬。認識科林的人表示,他儘管也欣賞史考特,但他對薛克頓才是真心愛戴。科林於1938年死於闌尾穿孔,家人把他葬於安納斯科郊外。

至於船長沃思禮,則把餘生用在重溫「堅忍號」之行的刺激,以及重新捕捉過去那種冒險犯難的精神。沃思禮在大戰中擔任一艘「神祕艦」的船長,在他的指揮下,「神祕艦」擊沈了一艘德國潛艇,他因此獲英國頒贈傑出服務勳章。他後來前往俄羅斯,加入薛克頓的班底,一直待到布爾什維克之役後,再度因傑出戰功獲頒第二枚傑出服務勳章。「探索號」之行後,沃思禮擔任一項北極探險的共同領導人,從記錄中看來,他顯然煞費苦心,想要營造出「堅忍號」經歷過的情境,差點讓船隻故意卡在海冰中動彈不得。1934年,他前往太平洋尋寶,這是他曾和薛克頓彼此約定要一起完成的計畫。第二次世界大戰中,他奉派擔任一艘商船的船長,但被人發現他已年近七十,當下被炒魷魚。1943年,即將過七十一歲生日的沃思禮因肺癌過世。

賀理在完成遠征隊攝影方面的後續工作後,奉派擔任澳大利亞皇家軍隊的專任攝影師,並獲贈榮譽隊長的頭銜。賀理才正式上任幾天,人就到了比利時拍攝戰況。他的作品顯示他拍攝時非常接近戰火中心,並且有幾張照片傳神的捕捉了這場激戰留下的死寂,與空氣中殘留毒氣的迷濛昏黃 (譯註:德軍在此首次使用使用)。賀理拍攝的Paget幻燈片是目前已知的第一次世界大戰中僅存的少數幾張彩色照片。賀理的長官向他指出,歷史性攝影與宣傳性攝影有相當大的差別,他後來決定朝宣傳攝影的路線加強。賀理對於合成照片的狂熱在這段期間變得有點過頭,常見他隨興把一片愁雲慘霧的天空、炸開的炮殼、烽火黑煙和蜻蜓般的漫天原始飛機,疊在他原有的影像上。

戰後,賀理馬不停蹄,前往巴布亞新幾內亞 (Papua New Guinea) 與塔斯瑪尼亞 (Tasmania) 進行攝影工作,第二次大戰期間,他奉派前往巴勒斯坦擔任攝影。賀理認識了一名年輕貌美的西班牙裔法籍歌劇女伶,短短十天後便和她閃電結婚,對他們的三名子女而言,賀理終其一生都是個慈愛卻管教嚴厲的父親。二次世界大戰

後，他創作了許多攝影書籍，推廣澳洲各地風采。為了這些叢書裡的照片，他上山下海，成果非凡。然而，讀者很難把這些活潑生動的風景照與「堅忍號」時期的輪廓鮮明、構圖優雅大膽又情感豐沛的照片聯想在一起。賀理在晚年製作了幾本關於澳洲與塔斯馬尼亞野花的攝影集。

賀理到七十六歲高齡還揹著沈重的攝影器材四處取材，一直到有天收工回家，賀理對妻子說他人不舒服。全家聽到甚少喊病痛的賀理這麼說，立刻緊張了起來。賀理罩上睡袍，坐上他最喜歡的椅子，不肯移動。家人召來醫生，但是賀理很不禮貌的揮手要他走開。翌日早上，他依然坐在原位不動，安靜而頑強的與即將來臨的死神搏鬥。那天中午，1962年1月16日，賀理與世長辭。

1970年，「堅忍號」遠征隊僅存的三名隊員，應邀參加英國皇家艦艇，也叫「堅忍號」的下水典禮，在照片裡，只見三位老者坐在英國國旗下的折疊椅上。

「堅忍號」上的一級水手郝華特從海軍商船隊退役後，回到倫敦的老家。他原本也要加入「探索號」之行，卻在臨出發前決定留下來陪伴生病的老父。他的視力因戰時一次地雷爆炸的意外和其他理由而逐漸衰退，可是他後來成為業餘畫家，並且專精於製作瓶中小船。從郝華特製作的精巧模型和素描看得出來，「堅忍號」

的身影牢牢刻印在他的腦海中。郝華特也是最忠誠的隊員之一，終其一生，他一直試圖和所有隊員保持聯繫。郝華特逝世於1972年，享年八十七歲。

1914年「堅忍號」上的廚師葛霖，在布宜諾斯艾利斯加入「堅忍號」遠征隊時，曾經寫了封家書告訴他的父母，沒想到載運這封信的郵船被魚雷擊沈，所以家人都不知道他的下落。1916年象島上的眾人獲救回到文明世界後，全體軍官和科學家一同搭乘郵輪返國，而葛霖和其他水手一樣，得自己打點返回英國的交通事宜，最後他終於找到願意搭載他回到英國的船隻，那艘船上的航海日誌裡卻把他描述為「一名貧苦的英國海員」。

葛霖回到英國後，發現父母已經領走了他的人壽保險金，而女友已嫁他人，他只好搬到霍爾市，與一群冷漠無情的拖網漁船水手同住。戰後，葛霖重回隨船廚子的老本行，也不時應邀以「堅忍號」遠征為題做幻燈片演講。從一場訪問的節錄稿中看來，這些演講的內容錯誤百出，而且關於歷程的細節也偏離事實(例如「堅忍號」翻覆時食物都掉下冰海中！為了減輕船的重量，把所有的狗都放上岸去！)。在一次航行至紐西蘭的途中，他應邀在威靈頓演講，遇見特地從醫院請假出來的麥尼旭，當葛霖看見觀眾席中的麥尼旭，便力邀他上講臺，麥尼旭喧賓奪主，談起「小船的

航程」。葛霖因腹膜炎病逝於1974年，享年八十六歲。

葛士奇獲救後，在布宜諾斯艾利斯便已投入戰爭中，因為他負責由當地指揮一艘拖船回到英國。二次世界大戰時，他在大西洋的救援拖船上服役。退役後，葛士奇定居在英格蘭西南方的德凡區 (Devon)。他一生始終不失幽默詼諧的處事態度。1964年，新聞誤報葛士奇過世；葛士奇得知後覺得很有趣，一一通知各報太早替他發訃聞。

葛士奇以八十九歲的高齡於1979年過世，是全隊最後一個離開人世的。試圖追想數十年前「堅忍號」隊員所經歷的種種苦難，倒不是件難事；但要想像當年追隨薛克頓乘著木製的「堅忍號」穿越冰洋的葛士奇，竟然在有生之年看到人類在月球上留下足跡，這才是奇特的經歷與變化。

在賀理為「堅忍號」留下的影像記錄裡，最令人印象深刻也最能道盡滄桑的一幀照片，就是衣衫破爛的眾人站在象島的岸邊，發狂似的對著不遠的海中小艇歡呼；賀理為這張照片所下的標題是「救援」，但是在沃思禮的回憶錄《堅忍號》裡，同樣一幀照片的標題卻是「『凱爾德號』離開象島」。從收藏在皇家地理學會資料庫中的原版底片可以看出，照片中的「凱爾德號」被狠狠刮掉，而正在遠離運送補給品的「威爾斯號」上的人員一邊揮手道別，一面朝岸上回航。

賀理表示，他這麼命名的理由非常簡單：演講時需要一張可以適當掀起高潮的照片，為整個故事做結尾。

賀理喜好玩弄合成影像的作法通常無傷大雅，但是就這一張照片而言，他犯了大錯，因為原本的影像更有意義，因為賀理捕捉到兩邊人馬的心情：一方即將面對艱險的驚濤駭浪，成敗仍不可知，另一方必須勇敢的留在島上靜待援手到來，帶著聽天由命的心情，沉靜勇敢的向遠去的同伴揮別。

葛士奇示範呼吸結成的冰柱
「他有些笑話和故事
的確很有趣，
畢竟在我們這樣
份子複雜的隊伍裡，
不能要求大家時時中規中矩。」
(李思，日記)

「『凱爾德號』離開象島」

理髮大賽
「今天因為天色太暗，沒能帶狗出去運動，
大家在麗緻飯店把頭髮理個精光，後來還拍照留念，
我們看起來很像一群犯人，說來我們現在的生活跟吃牢飯也沒差多少。」
(麥尼旭，日記)

致 謝

寫作本書期間，給予我協助的機構與友人繁不勝數。我首先要感謝美國自然史博物館 (American Museum of Natural History) 對本書與此次特展的大力協助。賀理在此次遠征中留存下來的所有相片，以及達威契學院慷慨出借的「凱爾德號」等所有已知相關物件，都會在「堅忍號：薛克頓的遠征傳奇特展」中展出。本次特展的經費主要來自考曼三世夫婦 (Mr. and Mrs. Joseph F. Cullman III) 的贊助；對於考曼夫婦的慷慨與他們對此主題的熱中和投入，我的感激之心實難以用言語形容。

我也要在此感謝美國自然史博物館的館長愛倫‧法特女士 (Ellen V. Futter) 和理事長安‧席德曼-愛瑞斯托夫女士 (Anne Sidaman-Eristoff) 的支持。並特別感謝博物館科學部主任莫理思博士 (Dr. Craig Morris)、特別出版部副總監馬龍‧瓦思曼先生 (Maron L. Waxman)、展覽總監大衛‧哈維 (David Harvey)、展覽企劃喬爾‧史懷樂 (Joel Sweimler)、哺乳類動物館負責人羅斯‧麥克非 (Ross MacPhee) 和辛西亞‧伍沃德女士 (Cynthia Woodward) 等人，對於此次特展所付出的心血與熱誠。

從我一開始籌劃此書與此次特展，我在《自然史》(Natural History) 雜誌擔任編輯的好友珍妮‧羅倫斯 (Jenny Lawrence) 便一直是我諮詢的對象。負責統籌巡迴展的華沃思女士 (Rose Waadsworth)，從籌備初期便不斷給予指教。我也要感謝博物館聯絡專員瑪麗‧亞奇莫夫女士 (Maria Yakimov)、全館企劃與媒體製作執行總監佩特‧譚堂諾理女士 (Pat Dandonoli)，以及與展覽處合作的美術設計師保羅‧狄帕斯 (Paul DePass) 等人的幫忙。

承蒙英國皇家地理學會特許，本次特展所展出的照片，絕大多數是直接使用賀理所存留下來的玻璃片版與底片沖洗而成的。英國皇家地理學會

自1830年成立以來，籌組與贊助了無數的探險遠征活動，更對薛克頓1914至16年「堅忍號」這趟遠征有莫大貢獻。皇家地理學會收藏了許多無價而不朽的攝影作品，賀理的系列作品在其中佔有相當份量。我要在此感謝皇家地理學會的主席麗塔‧嘉達納博士 (Dr. Rita Gardner)，以及皇家地理學會的執行總監奈杰‧溫瑟 (Nigel de N. Winser)；謝謝溫瑟先生在特展的構想還只見雛型時便接受我的提案，更給予我諸多鼓勵。我更要特別向皇家地理學會攝影圖書館主任喬安娜‧史凱登女士 (Joanna Scadden) 致謝，謝謝她總籌相片沖洗的複雜流程。皇家地理學會歷史檔案主管達漢博士 (Dr. A. F. Tatham) 在提供文件與各項物件方面不遺餘力，他所提供的物件當中，包括了薛克頓以爲棄留在浮冰上的御賜聖經！

剑橋大學的史考特極地研究院 (Scott Polar Research Institute) 提供了一部份的賀理攝影作品，讓我們得以利用院藏的底片沖洗出較不爲人知的珍貴照片。我十分感激研究院同仁提供的協助，更特別感謝研究院中負責保管珍貴文件史料、相片與手稿收藏的羅伯‧黑德蘭博士 (Dr. Robert Headland)，指引我瀏覽眾多的隊員日記與其他文件，並不吝提供他的建議與意見。我也要特別感謝研究院影像圖書館主任菲麗芭‧賀格女士 (Philippa Hogg)，謝謝她的熱誠與提供相片及研究資料的效率。我在史考特極地研究院讀到了薛克頓、詹姆士、葛士奇 (微縮影片)、李思和沃思禮的日記，也在此看到許多隊員的書信、撰寫薛克頓傳記的馬傑利與詹姆士費雪兄弟 (Margery and James Fisher) 的文件，以及李思不曾出版的回憶錄《被冰山與浮冰圍困》(Beset by Berg and Floe)。我還在此讀到沃思禮留下用打字機完成的、記述兩次小船航程及徒步跨越南喬治亞島行程的回憶錄，謝謝研究院答應讓我在書中引用這些文稿的原文。

本書及特展中使用的照片，都是由福思太柏 (Fox Talbot) 博物館的葛雷夫婦 (Barbara and Michael Gray)沖印。感謝他們精心沖洗的傑作，也感謝他們二位提供關於賀理的攝影方法的資訊。

賀理的日記與懷爾德的《回憶錄》原版，收藏於澳洲雪梨市的新南威爾斯州立圖書館密契爾分館 (The Mitchell Library)，謝謝館方慷慨提供微縮影片供我使用，也謝謝館方爲我沖洗了賀理以Paget彩色片版拍攝的文森的相片。尤要感謝紐西蘭威靈頓市亞力山大桑恩柏圖書館(Alexander Turnbull) 的洛威史密斯 (Tim Lovell-Smith)，慷慨出借沃思禮日記 (原借自史考特極地研究院)、館藏原版麥尼旭，以及李思日記的微縮影片。我也要謝謝這幾所圖書館慷慨允許我在書中摘錄這些隊員的日記原文。

此外，還要感謝「堅忍號」遠征

隊員的家屬和諸多學者的協助，無條件的讓我一窺過去數十年來珍藏的隊員日記與文件；在我過去所負責的計畫中，從不曾有如此多人自願幫忙而不求任何回報。另有幾位學者與我分享他們多年來的私人研究成果或尚未印行的研究內容，但沒有任何學者要求我在書中爲他們的名字帶上一筆。要不是有這些隊員家屬和學者提供的寶貴資訊和珍貴文件，這本書絕不可能完成。

薛克頓爵士的孫女亞麗珊卓·薛克頓小姐 (Alexandra Shackleton) 平易近人，不但容許我佔用她不少寶貴的時間，又大方出借家族流傳下來的物件。

彼得·沃迪先生 (Peter Wordie) 和愛麗森·史坦瑟太太 (Mrs. Alison Stancer) 慷慨出借他們父親的日記；這份從未問世的文件內容精彩，資訊又正確，是我深爲依賴的參考資料。當我說到要相借其他文件與相關物件事宜，他們也是一口答應。

貝威爾的女兒，伊莉莎白·賴嘉拉太太 (Mrs. Elizabeth Rajala)，把她父親未曾付印的自傳和其他文件與相片一併供我參考。

私自潛上「堅忍號」的白博洛的家屬，包括他的兒子、孫子和曾孫女，還有如今高齡而仍健在的手足，在我拜訪期間熱情招待，提供了許多關於白博洛的訊息。

湯瑪士·麥尼旭 (Thomas McNeish) 不僅提供了許多關於他祖父的資訊和文件記錄，他和妻子潔西 (Jesse) 更在我造訪期間力盡地主之誼。「師傅」麥尼旭的旁系親屬勞思夫婦 (Isabel and Donald Laws) 與愛莉絲·強斯頓 (Iris Johnstone)，也自此開始深入研究家族中這位帶著幾分神祕，讓人不禁想多加了解的長輩。

理察·哈德森博士 (Dr. Richard Hudson) 大方讓我至他府上參觀他父親借給沃思禮在「凱爾德號」航程中偵測方位用的六分儀，並讓我詳閱他父親所留下的諸多文件。

船醫麥克林的子女十分慷慨，主動出借他們父親的日記和他身後留下的眾多信件與相關文稿供我使用。我亦有幸得以在麥克林醫師的遺孀去世之前見到她，和她討論了遠征隊中的幾名成員。

朵麗絲·華倫太太 (Mrs. Doris Warren) 把她父親郝華特留下的手稿與相片副本寄來給我。

隨隊攝影師賀理的女兒梅意太太 (Mrs. Toni Mooy)，告訴我許多她父親的舊事，也慷慨允許我在書中引用他日記的原文。

李思的外孫朱利安·愛爾 (Julian Ayer) 一口答應讓我使用他外祖父的相片底片，並提供我關於李思的生平資料。

謝謝歐布萊恩神父 (Father Gerard O'Brien) 爲我提供許多關於他祖父科林的資訊，也謝謝科林的教子約翰·奈特利 (John Knightly) 提供了不少關於這位偉大探險家的寶貴資訊。

我更要謝謝凱利郡議會 (Kerry

County Council) 將科林的相關文件副本提供給我參考。

理查‧葛士奇 (Richard Greenstreet) 提供了不少關於他叔叔的生平資料；也謝謝他同意讓我引用遠征隊大副葛士奇留下的家書內容。

隨船廚師葛霖的姪子洛依‧卡克藍 (Roy Cockram) 給了我許多關於葛霖生平的資料，又告訴我不少他生前的趣事。

對於羅藍‧韓佛先生 (Roland Huntford)，我由衷感謝他在我剛「挖掘」出薛克頓之初，所提供給我的資訊和當面給予的指教，也謝謝他在研究史考特、阿蒙森，和薛克頓等極地探險家上的傑出成果。感謝安‧雪莉 (Ann Shirley) 和瑪格麗特‧史萊思 (Margaret Slythe) 等二位著名的南極探險史學家在相關人物訪談與資料收尋方面多方指點。

瑪歌‧莫瑞爾 (Margot Morrell) 捐贈了她所擁有的賀理和李思的日記謄本，對於她的慷慨大方，我的感激實在無以言表。沈恩‧莫菲 (Shane Murphy) 多年來深入研究賀理「堅忍號」攝影作品，成果即將以《霍依爾這麼說》(According to Hoyle) 之名出版，感謝他提前將內容與我分享。

茉琳‧瑪芙 (Maureen Mahood) 對留在象島上的廿二名遠征隊員頗有研究，謝謝她和我分享她即將以《計日》(Counting the Days) 之題出版的研究成果。

李夫‧米爾斯 (Leif Mills) 把即將出版的新書《懷爾德》中關於懷爾德的生平資料提供給我參考。著有《薛克頓遠征隊的船長：沃思禮傳》(Shackleton's Captain: A biography of Frank Worsley, Hazard Press, 1998) 的湯普遜 (John Bell Thomson)，提供了關於沃思禮船長的豐富資料；這本書是目前唯一為這位偉大的航海家完整作傳的書籍。

我要感謝傑佛瑞‧賽利 (Geoffrey Selly) 和雷夫‧葛利特 (Ralph Gullett) 兩位提供關於赫胥的資訊，也謝謝他們提供赫胥編唱的滑稽歌詞。

霍德涅斯圖書館 (Holderness Free Library) 的瑪麗‧迪拉希密特女士 (Mary DeLashmit) 利用館際互借的方式，為我調來了許許多多的相關參考書籍和微縮影片；要不是有她從旁大力協助，我真不知如何是好。

英國詹姆士凱爾德學會 (James Caird Society) 的主席哈定‧鄧納 (Harding Dunnett) 博聞強記，多次適時給我指引，每次都讓我省了幾星期查資料的時間。我特別要感謝他陪同我去參觀在達威契學院永久陳列的「凱爾德號」，那實在是一次令我感動萬分的經驗。

南喬治亞島捕鯨博物館負責人羅伯‧博頓 (Robert Burton) 先生，大方提供文件、相片和相關資訊供我參考，而且十分熱心。挪威的賽維森退休捕鯨人俱樂部 (Salvesen Ex-Whalers Club) 祕書詹姆士‧麥可強

(James Meiklejohn) 提供了許多當年南喬治亞島挪威捕鯨人留下的寶貴資料。湯瑪士畢尼二世 (Thomas Binnie Jr.) 也提供了不少關於南喬治亞島方面的資料。在我剛開始研究這個主題之時，懷士坦 (Dan Weinstein) 就像是我的導師，指引我向許多相關知識淵博的人士請教。

我非常感激紐西蘭基督城坎特伯里博物館 (Canterbury Museum) 的貝登諾理士 (Baden Norris) 提供關於麥尼旭晚年的資訊。霍洛克 (Judith Lee Hallock) 發表於《極地記錄》(*Polar Record* 22, no. 140, 1985) 的「湯瑪士科林」，以及拉克 (Stephen Locke) 發表於《極地記錄》(no. 184, 1997) 的「喬治馬思頓」等這兩篇文章，對我頗有助益。

我也要在此謝謝羅拉‧羅林森 (Laura Bemis Rollison)、喬治‧巴特勒 (George Butler)、依索貝‧柯倫比 (Isobel Crombie)、菲利普‧科能威特 (Philip Cronenwett)、理察‧柯索 (Richard Kossaw)、艾佛‧麥許 (Ivo Meisher)、蓋爾‧紐頓 (Gael Newton)、傑夫‧魯賓 (Jeff Rubin)、莎拉‧史考莉 (Sarah Scully)、彼得‧史畢克 (Peter Speak)，和羅伯特‧史帝芬生 (Robert Stephenson) 等人。

一如往常，我要感謝我的好友兼經紀人安東尼‧席爾 (Anthony Sheil) 統籌這個複雜的計畫。

在此要多謝克諾夫出版社 (Knopf) 專門負責本書的編輯喬治‧安卓 (George Andreou)，以及為此書設計絞盡腦汁的彼得‧安得森 (Peter Anderson)、製作總監安迪‧修斯 (Andy Hughes)。

市面上有許多書可供讀者進一步探索這則偉大的探險故事。羅藍‧韓佛所撰寫的《薛克頓》(*Shackleton*, 1998年由Atheneum出版社重新出版)，完整記述了薛克頓的一生；韓佛的前一本著作《史考特與阿蒙森》(*Scott and Amundsen*, 1983年由Atheneum 出版修訂版)，生動描述了薛克頓青年時的努力，是一本具有指標意義的巨作，書中對史考特的批評毫不留情，也因此而褒貶參半，其實這全看讀者支持的是史考特還是薛克頓──雙方的支持者至今提起當年誰是誰非還激動得很！我個人較傾向同意亨佛的觀點，我覺得本書內容迷人，提供了許多的寶貴資訊。

傳記作家費雪兄弟撰寫的《薛克頓》(*Shackleton*, 1957由James Barrie Books出版)，當面訪問了不少當時尚健在的遠征隊員。

薛克頓自己的回憶錄《南行》(*South*, 1919由Heinemann出版) 當然是經典名作。

讀者也不可錯過沃思禮的《堅忍號》(*Endurance*, 1931年由Philip Allen 出版) 和《薛克頓的小船之旅》(*Shackleton's Boat Journey*, 由W.W. Morton 出版社近年新版)。

另外，較不為人知的還有賀理的《南極淘金者》(*Argonauts of the South*, 1925年由 G.P. Putnam's Sons 出版)一書，以及《薛克頓的尋寶人》(*Shackleton's Argonauts*, 1948年由 Angus and Robertson 出版)。

赫胥的《與薛克頓南行》(*South with Shackleton*, 1949年由 Sampson Lo 出版) 也是不錯的書。

懷爾德所著的《薛克頓的最後旅程：探索號的故事》(*Shackleton's Last Voyage: The Story of the Quest*, 1949年由 Cassell and Company 出版)記述了薛克頓最後的航海紀事。

歐佛雷德·藍星 (Alfred Lansing) 的《堅忍號：薛克頓的偉大航海記》(*Endurance: Shackleton's Incredible Voyage*, 1986年由 Carroll & Graf 出版，台灣已有譯本，書名為《冰海歷劫700天》)，生動陳述了「堅忍號」遠征隊一行人可歌可泣的求生歷程。

哈汀·鄧納的《薛克頓的小船：凱爾德號的故事》(*Shackleton's Boat: The Story of the James Caird*, 1996年由 Neville & Harding 出版)，對於這艘傳奇小船做了詳盡的介紹。

此外，有兩本書介紹了「堅忍號」比之行當中較不為人知的悲壯事蹟：一是李查 (R.W. Richards) 的《羅斯海小隊，1914-1917》(*The Ross Sea Shore Party, 1914-1917*, 1962年由史考特極地研究中心出版)，另一為雷納·畢可 (Lennard Bickel) 的《被遺忘的淘金者》(*Shackleton's Forgotten Argonauts*, 1982年由 Macmillan 出版)。

除此之外，在澳洲還有許多關於賀理和攝影作品的出版品：畢可著有《尋找法蘭克·賀理》(*In Search of Frank Hurley*, 1984年由 Macmillan 出版)、法蘭克·雷格 (Frank Legg) 及東妮·賀理 (Toni Hurley) 的《再談我的歷險》(*Once More on My Adventure*, 1966年由 Ure Smith 出版)。費爾費思 (Fairfax) 圖書館與丹尼爾歐吉夫 (Daniel O'Keefe) 聯合於1986年出版了《賀理在兩次世界大戰的攝影集與日記》(*Hurley at War : The Photography and Diaries of Frank Hurley in Two World Wars*)，書中收印了第一次世界大戰少有的彩色相片。吉姆·史貝賀 (Jim Specht) 和約翰·菲爾德 (John Field) 合著的《賀理在巴布亞幾內亞》(*Frank Hurley in Papua : Photographs of the 1920-1923 Expeditions*, 1984年由 Robert Brown and Associates出版, 1984)，呈現了賀理繼「堅忍號」之行後的最佳作品。

關於書中照片

賀理出發加入「堅忍號」之前，1914 年8月22日的《澳亞攝影學刊》(Australasian Photo-Review) 刊登了一篇文章，介紹了賀理選用的器材：

遠征隊領隊讓賀理全權決定全程所應使用的攝影器材配備，賀理所開出的設備全由澳洲柯達有限公司的雪梨分公司直接提供，足見本地的器材樣式一應俱全……

賀理選用的器材，包括了在重量不成問題時使用的「葛夫萊牌」(Graflex) 攝影機和一架蛇腹式乾版攝影機。登陸小隊在南極大陸乘坐雪橇前進期間，賀理將使用各種不同大小的柯達相機，其中包括柯達背心式口袋相機 (Vest Pocket Kodak) 的三號及3A的FPK。當然，他也為這些柯達相機準備了許多可靠的柯達硝化纖維膠卷底片。賀理同時也為他所攜帶的片版相機準備了相當數量的 Austral標準片版 (backed)，還有Austral幻燈片版以便就地製作幻燈片。大部份的攝影機都配有不同焦距和光圈的「庫克牌」(Cooke) 鏡頭，包括有名的12吋f/3.5人像鏡頭。此外，還有一個17吋的羅斯f/5.4望遠鏡頭，以因應特殊需要。

「堅忍號」沈沒時，賀理好不容易把全片 (6 1/4" x 8 1/2") 和半片版 (4 1/4" x 6 1/2") 的玻璃片版底片自船中搶救出來；目前這些底片收藏於英國皇家地理學會的相片圖書館內。此外，賀理也搶救了一整本已沖印好的相片作品集；此照片集記錄了大難發生之前的船上日常生活，現由劍橋大學的史考特極地研究院收藏。二十張賀理所留下來的Paget彩色透明片，現藏於澳洲新南威爾斯省立博物館密契爾館。最後，賀理在「海洋營地」被迫放棄攝影器材後，改用小型背心式口袋照相機所照的三十八張照片，目前亦在英國皇家地理學會的館藏中。

本書所收印的相片都是直接由原版玻璃片版與原版底片沖印，或由作品集翻攝後之底片沖洗而得。本書的製作人員也盡量調整書中照片的雙色調，希望能夠接近賀理在「堅忍號」之行後沖印的成品色調。各幀相片旁的粗體黑字標題多為賀理當初自定。

美國自然史博物館這次所舉辦的特展，是歷來最完整呈現賀理「堅忍號」之行作品的一次展覽。本書和特展所展出的所有照片，都由麥可‧葛雷與芭芭拉‧葛雷兩夫婦在英國巴斯附近的工作室沖印。麥可‧葛雷是英國福思太柏博物館國家託管部的主任。

mark | 極　地
The Endurance: Shackleton's Legendary Antarctic Expedition

作者 卡洛琳‧雅麗珊德 (Caroline Alexander) ｜譯者 游敏｜責任編輯 陳郁馨｜封面設計 林育鋒｜美術編輯 謝富智｜出版者 大塊文化出版股份有限公司｜台北市 105 南京東路四段 25 號 11 樓｜讀者服務專線：0800-006689　｜ TEL (02) 87123898　｜ FAX (02) 87123897　｜郵撥帳號：18955675｜戶名 大塊文化出版股份有限公司｜法律顧問：董安丹律師、顧慕堯律師｜版權所有 翻印必究｜總經銷 大和書報圖書股份有限公司｜地址 新北市新莊區五工五路 2 號｜ TEL (02) 89902588 (代表號)　｜ FAX (02) 22901658　｜

初版一刷──2000 年 9 月
二版一刷──2020 年 1 月　二版二刷──2023 年 6 月
定價──新台幣 500 元　Printed in Taiwan

Grateful acknowledgement is made to Sheil Land Associates Ltd., London, for permission to reprint excerpts from *Endurance* by Frank Arthur Worsley, copyright © 1931 by F. A. Worsley
──感謝 Sheil Land Associates Ltd. 同意本書摘錄沃思禮著作《堅忍號》中的片段

Photographs on the following pages are reproduced with the permission of the library of the Royal Geographic Society, London ──以下各頁照片係經由英國皇家地理學會影像圖書館同意而重製：2, 4, 9, 10-11, 16, 27, 28, 31, 34, 38, 39, 40, 41, 42, 43, 44, 45, 46, 47, 48, 49, 50-1, 54, 55, 57, 59 (全部), 60, 61, 62, 64, 65 (全部), 66(上), 68, 69 (全部), 72, 75, 77, 81, 83, 84, 85, 86, 87, 88, 89, 91, 92(全部), 93, 94, 95, 97, 98, 99, 100, 101, 104, 105, 106, 108, 110-1, 112, 114 (全部), 115, 116, 117, 119, 120, 122, 124, 125, 126, 127, 129, 134, 140, 141, 142, 143, 144, 145, 146 (右), 148, 149(全部), 150, 151, 152, 153, 154, 165 (154 圖之細部), 177, 182, 184, 185, 186, 187, 189, 190, 193, 194, 196, 201, 212-3, 222.
Photographs copyright© 1998 by the Royal Geographic Society

Photographs on the following pages are reproduced with the permission of the picture library of the Scott Polar Research Institute, Cambridge, England ──以下各頁照片係經由英國史考特極地研究學會影像圖書館同意而重製：7, 15, 25, 26 (全部), 30, 32, 33, 36, 37, 56, 58, 66 (下), 67, 71, 73 (全部), 74, 76, 78 (全部), 79, 80, 90, 96, 113, 128,146 (左), 166, 181 (166 圖之細部), 211, 214

Photograph on page 147 is reproduced with the permission of the Mitchell Library, State Library of New South Wales, Sydney, Australia ──第 147 頁照片係獲得澳洲雪梨新南威爾斯國立密契爾圖書館同意而重製

CIP ─── 國家圖書館出版品預行編目

極地 / Caroline Alexander著；游敏譯．── 二版．──
臺北市：大塊文化，2020.01──面；公分．──
(mark；18) 譯自：The Endurance：Shackleton's legendary
Antarctic expedition．── ISBN 978-986-5406-45-5
(平裝)── 1.探險 2.南極洲── 779.9── 108021296

LOCUS

LOCUS

LOCUS